（宋）蘇軾 撰

明成化本東坡七集

第一八册

國家圖書館出版社

第一八册目録

東坡應詔集十卷（卷第一—十）

重刊明成化本東坡七集

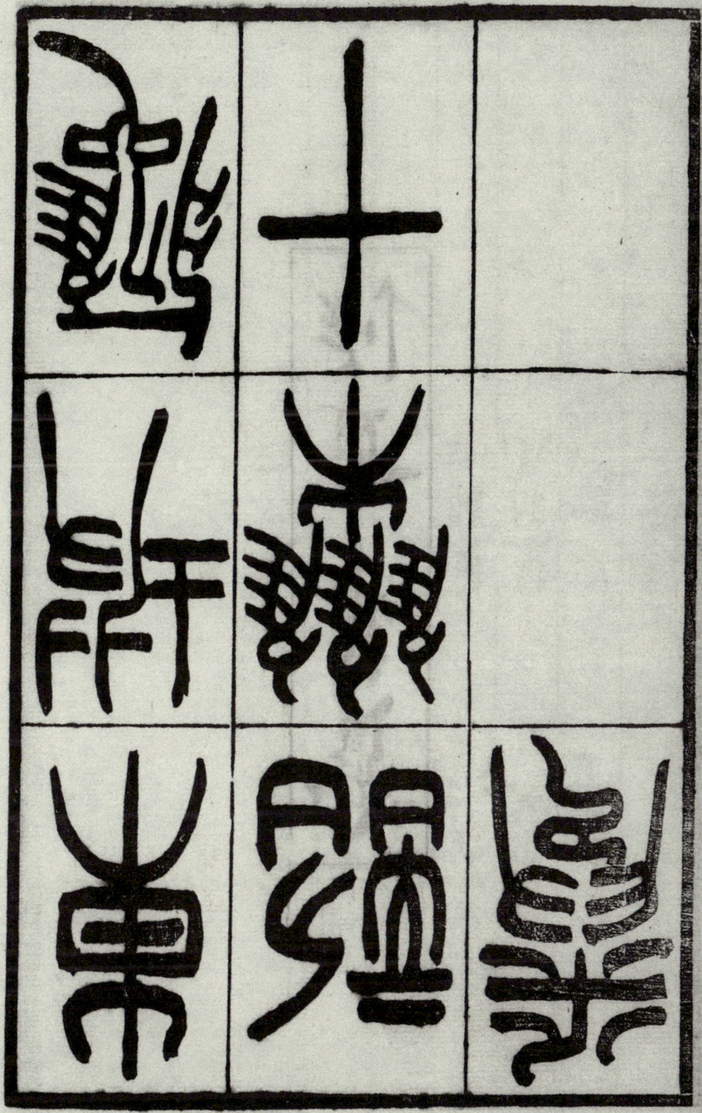

寶華盦刻

東坡應詔集目録

策别十一　策别十二

策别十三　策别十四

策别十五

第四卷

策别十六　策别十七

策别十八　策别十九

策别二十

第五卷

策别二十一　策别二十二

策断二十三　策断二十四

策斷二十五

第六卷

第七卷

周公論

第八卷

韓愈論

東坡應詔集目録

東坡應詔集卷第一

策略第一

臣聞有意而言意盡而言止者天下之至言也蓋有以一言而興邦者有三日言而不輟者一言而興邦不以為少而加之毫毛三日言而不輟不以為多而損之一辭古之言者盡意而不求於言信己而不役於人三代之衰學校廢缺聖人之道不明而其所以猶賢於後世者士未知有科舉之利故戰國之際其言語文章雖不能盡通於聖人而皆卓然盡於可用出於其意之所謂誠然者自漢以來世之儒者忘己

以徇人務為射策決科之學其言雖不叛於聖人而
皆泛濫於辭章不適於用臣常以為鼂董公孫之流
皆有科舉之累故言有浮於其意而意有不盡於其
言今 陛下承百王之弊立於極文之世而以空言
取天下之士繩之以法度考之於有司臣愚不肖誠
恐天下之士不獲自盡故嘗深思極慮率其意之所
欲言者為二十五篇曰略曰別曰斷雖無足取者而
臣之區區以為自始而行之以次至於終篇既明其
略而治其別然後斷之於終庶幾有益於當世臣聞
天下治亂皆有常勢是以天下雖亂而聖人以為無

難者其應之有術也水旱盜賊人民流離是安之而
已也亂臣割據四分五裂是伐之而已也權臣專制
擅作威福是誅之而已也四夷交侵邊鄙不寧是攘
之而已也凡此數者其於害民蠹國為不淺矣然其
所以為害者有狀是故其所以救之者有方也天下
之患莫大於不知其然而然不知其然而然者是拱
手而待亂也國家無大兵革幾百年矣天下有治平
之名而無治平之實有可憂之勢而無可憂之形此
其有未測者也方今天下非有水旱盜賊人民流離
之禍而咨嗟怨憤常若不安其生非有亂臣割據四

分五裂之憂而休養生息常若不足於用非有權臣專制擅作威福之弊而上下不交君臣不親非有四夷交侵邊鄙不寧之灾而中國皇皇常有外憂此臣之所以大惑也今夫醫之治病切脉觀色聽其聲音而知病之所由起曰此寒也此熱也或曰此寒熱之相搏也及其他無不可為者今且有人恍然而不樂問其所苦且不能自言則其受病有深而不可測者矣其言語飲食起居動作固無以異於常人此庸醫之所以為無足憂而扁鵲倉公之所望而驚也其病之所由起者深則其所以治之者固非鹵莽因循苟

且之所能去也而天下之士方且掇拾三代之遺文補葺漢唐之故事以爲區區之論可以濟世不已踈乎方今之世苟不能滌蕩振刷而卓然有所立未見其可也臣嘗觀西漢之衰其君皆非有暴鷙淫虐之行特以怠惰弛廢溺于宴安畏朞月之勞而忘千載之患是以日趍于亡而不自知也夫君者天也仲尼贊易稱天之德曰天行健君子以自強不息由此觀之天之所以剛健而不屈者以其動而不息也惟其動而不息是以萬物雜然各得其職而不亂其光爲日月其文爲星辰其威爲雷霆其澤爲雨露皆生於

動者也使天而不知動則其塊然者將腐壞而不能自持況能以御萬物乎茍天子一日赫然奮其剛健之威使天下明知人主欲有所立則智者願効其謀勇者樂致其死縱橫顛倒無所施而不可茍人主不先自斷於中群臣雖有伊呂稷契無如之何故臣特以人主自斷而欲有所立爲先而後論所以爲立之要云

策略二

天下無事久矣以天子之仁聖其欲有所立以爲子孫萬世之計至切也特以爲發而不中節則天下或

受其病當亡而太息者幾年于此矣蓋自近歲始柄用二三大臣而天下皆洗心滌慮以聽朝廷之所為然而數年之間卒未有以大慰天下之望此其故何也二虜之大憂未去而天下之治終不可為也聞之師曰應敵不暇不可以自完自完不暇不可以有所立自古創業之君皆有敵國相持之憂命將出師兵交于外而中不失其所以為國者故其兵可敗而其國不可動其力可屈而其氣不可奪今天下一家二虜且未動也而吾君吾相終日皇皇焉應接之不暇亦竊為執事者不取也昔者大臣之議不為長久之

計而用最下之策是以歲出金繒數十百萬以資強
虜此其既往之咎不可追之悔也而議者方將深罪
當時之失而不求後日之計亦無益矣臣雖不肖竊
論當今之弊蓋古之爲國者不患有所費而患費之
無名不患費之無名而患事之不立今一歲而費千
萬是千萬而已事之不立四海且不可保而奚千萬
之足云哉今者二虜不折一矢不遺一鏃走一介之
使驅數乘之傳所過騷然居人爲之不寧大抵皆有
非常之辭無厭之求難塞之請以觀吾之所荅於是
朝廷洶然大臣會議既而去未數月邊陲一作遽且復

告至矣由此觀之二虜之使未絶則中國未知息肩之所而況能有所立哉臣故曰二虜之大憂未去則天下之治終不可為也中書者王政之所由出天子之所與宰相論道經邦而不知其他者也非至逸無以待天下之勞非至靜無以制天下之動故古之聖人雖有大兵役大興作百官奔走各執其事而中書之務不至于紛紜今者曾不得歲月之暇則夫禮樂刑政教化之源所以使天下回心而嚮道者何時而議也千金之家久而不治使販夫豎子皆得執券以誅其所負苟一朝發憤傾囷倒廩以償之然後更為

之計則一日之資亦足以富何遽至于皇皇哉臣嘗讀吳越世家觀勾踐困于會稽之上而行成於吳凡金玉女子所以為賂者不可勝計既反國而吳之百役無不從者使大夫女女于大夫士女女于士春秋貢獻不絕于吳府嘗竊怪其以蠻夷之國承敗亡之後救死扶傷之餘而賂遺費耗又不可勝計如此然卒以滅吳則為國之患果不在費也彼其內外不相擾是以能有所立使范蠡大夫種二人分國而制之范蠡曰四封之外種不如蠡使蠡主之凡四封之外所以待吳者種不知也四封之內蠡不如種使種主

之凡四封之内所以強國富民者蠢不知也二人者各專其能各致其力是以不勞而滅吳其所以賂遺于吳者甚厚而有節也是以財不匱其所以聽役于吳者甚勞而有時也是以本不揺然後勾踐得以安意肆志焉而吳國固在其指掌中矣今以天下之大而中書常有蠻夷之憂宜其内治有不辦者故臣以為治天下不若清中書之務中書之務清則天下之事不足辦也今夫天下之財舉歸之司農天下之獄舉歸之廷尉天下之兵舉歸之樞密而宰相特持其大綱聽其治要而責成焉耳夫此三者豈少於蠻夷

㦤誠以為不足以累中書也今之所以待二虜失在
于過重古者有行人之官掌四方賓客之政當周之
盛時諸侯四朝蠻夷戎狄莫不來享故行人之官治
其登降揖讓之節牲芻委積之數而已至於周衰諸
侯爭強而行人之職為難且重春秋時秦聘於晉叔
向命召行人子貟子朱曰朱也當御叔向曰秦晉不
和久矣今日之事幸而集秦晉賴之不集三軍暴骨
其後楚伍貟奔吴為吴行人以謀楚而卒以入郢西
劉之興有典屬國故賈誼曰陛下試以臣為屬國請
必係單于之頸而制其命伏中行說而笞其背舉匈

奴之衆准上所令今若依倣行人屬國特建一官董
任而厚責之使宰相於兩制之中舉其可用者而勿
奪其權使大司農以每歲所以餽於二虜者限其常
數而預為之備其餘者朝廷不與知也凡吾所以遣
使於虜與吾所以館其使者皆得以自擇而其非常
之辭無厭之求難塞之請亦得以自荅使其議不及
於 朝廷而其閑暇則收羅天下之俊才治其戰攻
守■之策兼聽博採以周知敵國之虛實凡事關於
境外者皆以付之如此則天子與宰相特因其能否
而定其黜陟其實亦不甚簡聽令自宰相以下百官

汎汎焉莫任其責今舉一人而捐之使日夜思所以待二虜宜無不濟者然後得以安居靜慮求天下之大計唯所欲爲將無不可者

策略第三

臣聞聖王之治天下使天下之事各當其處而不相亂天下之人各安其分而不相躐也然後天子得優游無爲而制其上今也不然夷狄抗衡本非中國之大患而每每以累朝廷是以徘徊擾攘卒不能有所立今委任而責成使西北不過爲未誅之寇則中國固吾之中國而有所不可爲哉於此之時臣知天下

之不足治也請言當今之勢夫天下有二患有立法之弊有任人之失二者疑似而難明此天下之所以亂也當立法之弊也其君必曰吾用某也而天下不治是某不可用也又從而易之不知法之弊而移咎於其人及其用人之失也又從而尤其法法之變未有已也如此則雖至於覆敗死亡相繼而不悟豈足怪哉昔者漢興因秦以為治刑法峻急禮義消亡天下蕩然恐後世無所執守故賈誼董仲舒咨嗟歎息以立法更制為事後世見二子之論以為聖人治天下凡皆如此是以腐儒小生皆欲妄有所變改以惑亂

世主臣竊以為當今之患法令雖有未安而天下之所以不大治者失在於任人而非法制之罪也國家法令幾變矣天下之不大治其咎果安在哉曩者大臣之議患天下之士其進不以道而取之不精也故為之法曰中年而舉取舊數之半而復明經之科患天下之吏無功而遷取高位而不讓也故為之法曰當遷者有司以聞而自陳者為有罪此二者其名甚美而其實非大有益也而議者欲以此等致天下於大治臣竊以為過矣夫法之於人猶五聲六律之於樂也法之不能無姦猶五聲六律之不能無淫樂也

先王知其然故存其大略而付之於人苟不至於害民而不可不去者皆不變也故曰失在任人而已夫有人而不用與用而不行其言行其言而不盡其心其失一也古之興王一人而已湯以伊尹武以太公皆捐天下以與之而後伊呂得捐其一身以經營天下君不疑其臣功成而無後患是以知無不言言無不行其所欲用雖其親愛可也其所欲誅雖其讎隙可也使其心無所顧忌故能盡其才而責其成功及至後世之君始用區區之小數以繩天下之豪俊故雖有國士而莫爲之用夫賢人君子之欲有所樹立

以著不朽於後世者甚於人君顧恐功未及成而有所奪祗以速天下之亂耳鼂錯之事斷可見矣夫奮不顧一時之禍決然徒欲以身試人主之威者是亦其所挾者不甚大也斯固未足與有為而沉毅果敢之士又必有待而後發苟人主不先自去其不可測而示其可信則彼孰從而發哉慶曆中天子急於求治擢用賢者天下日夜望其成功方其深思遠慮而未有所發也雖天子亦遲之至其一旦發憤條天下之利害百未及一二而舉朝諠譁以至於逐去曾不旋踵此天下之士所以相戒而不敢深言也居今之世

而欲納天下於至治非大有所矯拂於世俗不可以有成也何者天下獨患柔弱而不振怠惰而不肅苟且偷安而不知長久之計臣以為宜如諸葛亮之治蜀王猛之治秦使天下悚然人人不敢飾非務盡其誠凡此者皆庸人之所大惡而讒言之所由興也是故先主拒關張之間而後孔明得以盡其才苻堅斬樊世逐仇騰黜席寶而後王猛得以畢其功夫天下未嘗無二子之才也而人主思治又如此之勤相須甚急而相合甚難者獨患君不信其臣臣不測其君而已矣惟天子一日慨然明告政事之臣所以欲為

者使知人主之深知之也而內為之地然後敢有所發於外而不顧不然雖得賢臣千萬一日百變法天下益不可治歲復一歲而終無以大慰天下之望豈不亦甚可惜哉

策略第四

天子與執政之大臣既已相得而無疑可以盡其所懷直已而行道則夫當今之所宜先者莫如破庸人之論以開功名之門而後天下可為也治天下譬如治水方其奔衝潰決騰湧漂蕩而不可禁止也雖欲盡人力之所至以求殺其尺寸之勢而不可得及其

既衰且退也駸駸乎若不足以終日故夫善治水者不惟有難殺之憂而又有易衰之患導之有方決之有漸疏其故而納其新使不至於壅閼腐敗而無用嗟夫人知江河之有水患也而以為沼沚之可以無憂是烏知舟楫灌溉之利哉夫天下之未平英雄豪傑之士務以其所長角奔而爭利惟恐天下一日無事也是以人人各盡其材雖不肖者亦自淬厲而不至於怠廢故其勇者相刼智者相賊使天下不安其生為天下者知夫大亂之本起於智勇之士爭利而無厭是故天下既平則削去其具抑遠天下剛健好名

之士而奬用柔懦謹畏之人不過數十年天下靡然無復往時之喜事也於是能者不自激發而無以見其能不能者益以弛廢而無用當是之時人君欲有所為而左右前後皆無足使者是以紀綱日壞而不自知此其為患豈特英雄豪傑之士趦趄而已哉聖人則不然當其久安於逸樂也則以術起之使天下之心翹翹然常自喜於為善是故能安而不衰且夫人君之所恃以為天下者天下皆為而已不為夫使天下皆為而已不為者開其利害之端而辨其榮辱之等使之踴躍奔走皆為我役而不自知夫是以坐

聖人之所共也而後之君子必曰與之不勸非之不
也與之則勸非之則沮聞善則喜見惡則怒此三代
以鎮世俗之躁蓋非以購絕上下之情義尊而自安
已矣夫當寬深不測之量古人所以臨大事而不亂有
與先賢之言而躐取其近似者以自解說其無能而
而下之士好言中庸之道此二者皆庸人相與議論
今夫庸人之論有二其上之人務爲寬深不測之量
臣故曰破庸人之論開功名之門而後天下可爲也
共天下哉今者治平之日久矣天下之患正在於此
而收其功也如使天下皆欲不爲而得則天子誰與

沮聞善不喜見惡不怒斯以為不測之量不已過乎
夫有勸有沮有喜有怒然後有閒而可入有閒而可
入然後智者得為之謀才者得為之用後之君子務
為無閒夫天下誰能入之古之所謂中庸者盡萬物
之理而不過故亦曰皇極夫極盡也後之所謂中庸
者循循焉為衆人之所能為斯以為中庸矣此孔子
孟子之所謂鄉原也一鄉皆稱原人焉無所往而不
為原人同乎流俗合乎汙世曰古之人何為踽踽涼
涼生斯世也為斯世也善斯可矣謂其近於中庸而
非故曰德之賊也孔子孟軻惡鄉原之賊夫德也欲

得狂者而見之狂者又不可見欲得狷者而見之曰狂者進取狷者有所不為也今日之患惟不取於狂者狷者而皆取於鄉原是以若此靡靡不立也孔子子思之所從受中庸者也孟子子思所授以中庸者也然皆欲得狂者狷者而與之然則率勵天下而作其怠惰莫如狂者狷者之賢也臣故曰破庸人之論開功名之門而後天下可為也

策略第五

其次莫若深結天下之心臣聞天子者以其一身寄之乎巍巍之上以其一心運之乎茫茫之中安而為

太山危而為累卵其間不容毫釐是故古之聖王不恃其有可畏之資而恃其有可愛之實不恃其有不可拔之勢而恃其有不忍叛之心何則其所居者天下之至危也天子恃公卿以有其天下公卿大夫士以至於民轉相屬也以有其富貴苟不得其心而欲羈之以區區之名控之以不足恃之勢者其平居無事猶有以相制一旦有急是皆行道之人掉臂而去尚安得而用之哉古之失天下者皆非一日之故其君臣之懽去已久矣適會其變是以一散而不可復收方其未也天子甚尊大夫士甚賤奔走萬里無

敢後先儼然南面以臨其臣曰天何言哉百官俯首
就位斂足而退兢兢惟恐有罪群臣相率為久安之
計賢者既無所施其才而愚者亦有所容其不肖舉
天下之事聽其自為而已及乎事出於非常變起於
不測視天下莫與同其患雖欲分國以與人而且不
及矣秦二世唐德宗蓋用此術以至於顛沛而不悟
豈不悲哉天下者器也天子者有此器者也器久不
用而置諸篋笥則器與人不相習是以扞格而難操
良工者使手習知其器而器亦習知其手手與器相
信而不相疑夫是故所為而成也天下之患非經營

禍亂之足憂而養安無事之可畏何者懼其一旦至於扞格而難操也昔之有天下者日夜淬厲其百官撫摩其人民為之朝聘會同燕享以交諸侯之歡歲時月朔致民讀法飲酒蜡獵以遂萬民之情有大事自庶人以上皆得至於外朝以盡其詞然猶以為未也而五載一巡狩朝諸侯於方岳之下觀見其老者賢士大夫以周知其天下風俗凡此者非為苟勞而已將以馴致服習天下之心使不至於扞格而難操也及至後世壞先王之法安於逸樂而惡聞其過是以養尊而自高務為深嚴使天下拱手以皃相承而

心不服其老生腐儒又出而為之説曰天子不可以
妄有言也史且書之後世且以為譏使其君臣相
顧而不相知如此則偶人而已矣天下之心既去而
倀倀然抱其空噐而不知英雄豪傑已議其後臣
嘗觀西漢之初高祖創業之際事變之興亦已繁
矣而高祖以項氏創殘之餘而又與布信之徒角馳
於中原此六七公者皆以絕人之姿據有土地甲兵
之衆其勢足以亂然天下終以不搖卒授於漢傳十
數世矣而至于元成哀平四夷嚮風兵革不試而王
莽一豎子乃舉而移之不用寸兵尺鐵而天下屏息

莫敢或爭此其故何也創業之君出於布衣其大臣將相皆有握手之懽凡在朝廷者皆其嘗試齊嗳以知其才之短長彼其視天下如一身苟有疾痛其手足不期而自救當此之時雖有近憂而無遠患及其子孫生於深宮之中而狃於富貴之勢尊卑闊絶而上下之情疎禮節繁多而君臣之義薄是故不爲近憂而常爲遠患及其一旦固已不可救矣聖人知其然是以去苛禮而務至誠黜虛名而求實效不愛高位重禄以致山林之士而欲聞切直不隱之言者凡皆以通上下之情也昔我　太祖太宗既有天下法令

簡約不爲崖岸當時大臣將相皆得從容終日歡如平生下至士庶人亦得以自效故天下誦其言至今非有文采緣飾而開心見誠有以入人之深者此英主之奇術御天下之大權也方今治平之日久矣愚以爲宜日新盛德以鼓動天下久安怠惰之氣故陳其五事以備採擇其一曰將相之臣天子所恃以爲治者宜日夜召論天下之大計且以熟觀其爲人其二曰太守刺史　天子所寄以遠方之民者其罷歸皆當問其所以爲政民情風俗之所安亦以揣知其才之所堪其三曰左右扈從侍讀侍講之臣本以

論說古今興衰之大要非以應故事備數而已經籍之外苟有以訪之無傷也其四曰吏民上書苟少有可觀者宜皆召問優慰以養其敢言之氣其五曰天下之吏自一命已上雖其至賤無以自通於 朝廷然人主之為豈有所不可哉察其善者卒然召見之使不知其所從來如此則遠方之賤吏亦務自激發為善不以位卑禄薄無由自通於上而不脩飾使天下習知天子樂善親賢卹民之心孜孜不勸如此翕然皆有所感發知愛於君而不可與為不善亦將賢人衆多而姦吏衰少刑法之外有以大慰天下之心焉耳

東坡應詔集卷第一

東坡應詔集卷第二

策別第六

臣聞爲治有先後有本末嚮之所論者當今之所宜先而爲治之大凡也若夫事之利害計之得失臣請得列而言之蓋其揔四其別十七一曰課百官二曰安萬民三曰厚貨財四曰訓兵旅課百官者其別有六一曰厲法禁昔者聖人制爲刑賞知天下之樂乎賞而畏乎刑也是故施其所樂者自下而上民有一介之善不終朝而賞隨之是以天下之爲善者足以知其無有不賞也施其所畏者自上而下公卿大臣有

毫髮之罪不終朝而罰隨之是以上之為不善者亦
足以知其無有不罰也詩曰剛亦不吐柔亦不茹夫
天下之所謂權豪貴顯而難令者此乃聖人之所借
以徇天下也舜誅四凶而天下服何也此四族者天
下之大族也夫惟聖人為能擊天下之大族以服小
民之心故其刑罰至於措而不用周之衰也商鞅韓
非峻刑酷法以督責天下然其所以為得者用法始
於貴戚大臣而後及於疏賤故能以其國霸由此觀
之商鞅韓非之刑法非舜之刑而所以用刑者舜之術
也後之庸人不深原其本末而猥以舜之用刑之術

與商鞅韓非同類而棄之法禁之不行姦宄之不止由此其故也今州縣之吏受賕而鬻獄其罪至於除名而其官不足以贖則至於嬰木索受笞箠此亦天下之至辱也而士大夫或冒行之何者其心有所不服也今夫大吏之為不善非特簿書米鹽出入之間也其位愈尊則其所害愈大其權愈重則其下愈不敢言幸而有不畏彊禦之士出力而排之又幸而不為上下之所抑以遂成其罪則其官之所減者至於罰金蓋無幾矣夫過惡暴著于天下而罰不傷其毫毛鹵莽於公卿之間而纖悉於州縣之小吏用法如

此宜其天下之不心服也用法而不服其心雖刀鋸斧鉞猶將有所不避而況於木索笞箠哉方今法令至繁觀其所以防姦之具一舉足且入其中而大吏犯之不至於可畏其故何也天下之議者曰古者之制刑不上大夫大臣不可以法加也嗟夫刑不上大夫者豈曰大夫以上有罪而不刑歟古之人君責其公卿大臣至重而待其士庶人至輕也責之至重故其所以約束之者愈寬待之至輕故其所以隄防之者甚密夫所貴乎大臣者惟不待約束而後免於罪戾也是故約束愈寬而大臣益以畏法何者其心以為

人君之不我疑而不忍欺也苟幸不疑而輕犯法則固已不容於誅矣故夫大夫以上有罪不從於訊鞫論報如士庶人之法斯以為刑不上大夫而已矣天下之吏自一命以上其蒞官臨民苟有罪皆書於其所謂歷者而至於館閣之臣出為郡縣者則遂罷去此真聖人之意欲有以重責之也柰何其與士庶人較罪之輕重而又以其爵減耶夫律有罪而得以首免者所以開盜賊小人自新之塗而今之卿大夫有罪亦得以首免是以盜賊小人待之歟天下惟其無罪也是以罰不可得而加如知其有罪而特免其罰

則何以令天下今夫大臣有不法或者既以舉之而詔曰勿推此何為者也聖人為天下豈容有此曖昧而不決故曰厲法禁自大臣始則小臣不犯矣

策別七

其二曰抑僥倖夫所貴乎人君者予奪自我而不牽於衆人之論也天下之學者莫不欲仕仕者莫不欲貴如從其欲則舉天下皆貴而後可惟其不可從也是故仕不可以輕得而貴不可以易致此非有所吝也爵禄出乎我者也我以為可予而予之我以為可奪而奪之彼雖有言者不足畏也天下有可畏者賦歛

不可以不均刑罰不可以不平守令不可以不擇此
誠是以致天下之安危而可畏者也我欲慎爵賞愛
名器而囂囂者以為不可是烏足卹哉國家自近歲
以来吏多而闕少率一官而三人共之居者一人去者
一人而伺之者又一人是一官而有二人者無事而
食也且其蒞官之日淺而閑居之日長以其蒞官之
所得而為閑居仰給之資是以貪吏常多而不可禁
此用人之大弊也古之用人者取之至寬而用之至
狹取之至寬故賢者不隔用之至狹故不肖者無所
容記曰司馬辨論官材論進士之賢者以告于王而

定其論論定然後官之任官然後爵之位定然後祿之然則是取之者未必用也今之進士自二人以下者皆試官夫試之者豈一官之謂哉固將有所廢置焉耳 國家取人有制策有進士有明經有詞科有任子有府史雜流凡此者雖衆無害也其終身進退之決在乎召見改官之日此尤不可以不愛惜慎重者也今之議者不過曰多其資考而責之以舉官之數且彼有勉強而已資考既足而舉官之數亦以及格則將執文墨以取必於我雖千百為輩莫敢不盡與臣竊以為今之患正在於任文太過是以為一定之

制使天下可以歲月必得甚可惜也方今之便莫若使吏六考以上皆得以名聞于吏部吏部以其資考之遠近舉官之衆寡而次第其名然後使一二大臣雜治之參之以其才器之優劣而定其等歲終而奏之以詔天子廢置度天下之吏每歲以物故罷免者幾人而增損其數以所奏之等補之及數而止使其予奪亦雜出于賢不肖之間而無有一定之制則天下之吏不敢有必得之心將自奮厲磨淬以求聞于時而向之所謂用人之大弊者將不勞而自去然而議者必曰法不一定而以才之優劣為差則是好惡

之私有以啓之也臣以爲不然夫法者本以存其大綱而其出入變化固將付之於人昔者唐有天下舉進士者群至於有司之門唐之制惟有司之信也是故有司得以搜羅天下之賢俊而習知其爲人至於一日之試則固已不取也唐之得人於斯爲盛今以名聞於吏部者每歲不過數十百人使一二大臣得以訪問參考其才雖有失者蓋已寡矣如必曰任法而不任人天下之人必不可信則夫一定之制臣亦未知其果不可以爲姦也

策別八

其三曰決壅蔽所貴乎　朝廷清明而天下治平者
何也天下不訴而無寃不謁而得其所欲此堯舜之
盛也其次不能無訴訴而必見察不能無謁謁而必
見省使遠方之賤吏不知　朝廷之高而一介之小
民不識官府之難而後天下治今夫一人之身有一心
兩手而已痛疾苛癢動於百體之中雖其甚微不足
以爲患而手隨至夫手之至豈其一一而聽之心哉
心之所以素愛其身者深而手之所以素聽於心者
熟是故不待使令而卒然以自至聖人之治天下亦
如此而已百官之衆四海之廣使其關節脉理相通

為一叩之而必聞觸之而必應夫是以天下可使為一身天子之貴士民之賤可使相愛憂患可使同緩急可使救令也不然天下有不幸而訴其冤如訴之於天有不得已而謁其所欲如謁之於鬼神公卿大臣不能究其詳悉而付之於胥吏故凡賄賂先至者朝請而夕得徒手而来者終年而不獲至於故常之事人之所當得而無疑者莫不務為留滯以待請屬舉天下一毫之事非金錢無以行之昔者漢唐之弊患法不明而用之不密使吏得以空虛無據之法而繩天下故小人得以法為姦令也法令明具而用之

至密舉天下惟法之知所欲排者有小不如法而可指以為瑕所欲與者雖有所乖戾而可借法以為解故小人以法為姦今天下所為多事者豈事之誠多耶吏欲有所鬻而未得則新故相仍紛然而不決此王化之所以壅遏而不行也昔桓文之霸百官承職不待教令而辨四方之賓至不求有司王猛之治秦事至纖悉莫不盡舉而人不以為煩蓋史之所記麻思還冀州請於猛猛曰速裝行矣至暮而符下及出關郡縣皆已被符其令行禁止而無留事者至于纖悉莫不皆然符堅以戎狄之種至為霸王兵彊國

富垂及升平者猛之所為固宜其然也今天下治安大吏奉法不敢顧私而府史之屬招權鬻法長吏心知而不問以為當然此其弊有二而已事繁而官不勤故權在胥吏欲去其弊也莫如省事而厲精省事莫如任人厲精莫如自上率之今之所謂至繁天下之事關於其中訴之者多而謁之者衆莫如中書與三司天下之事分于百官而中書聽其治要郡縣之錢幣制于轉運使而三司受其會計此宜若不至於繁多然中書不待奏課以定其黜陟而關預其事則是不任有司也三司之吏推析贏虛至于毫毛以繩

郡縣則是不任轉運使也故曰省事莫如任人古之聖王愛日以求治辨色而視朝苟少安焉而至于日出則終日爲之不給以少而言之一日而廢一事一月則可知也一歲則事之積者不可勝數矣欲事之無繁則必勞於始而逸於終晨興而晏罷天子未退則宰相不敢歸安于私第宰相日昃而不退則百官莫不震悚盡力於王事而不敢宴游如此則纖悉隱微莫不舉矣天子求治之勤過于先王而議者不稱王季之晏朝而稱舜之無爲不論文王之日昃而論始皇之量書此何以率天下之怠耶臣故曰厲精莫

如自上率之則壅蔽決矣

策別九

其四曰專任使夫吏之與民猶工人之操器易器而操之其始莫不齟齬而不相得是故雖有長材異能之士朝夕而去則不如庸人之久且便也自漢至今言吏治者皆推孝文之時以為任人不可以倉卒而責其成效又其三歲一遷吏不為長遠之計則其所施設一切出於苟簡此天下之士爭以為言而臣知其未可以卒行也夫天下之吏惟其病多而未有以處也是以擾擾在此如使五六年或七八年而後遷則

將有十年不得調者矣　朝廷方將減任子清冗官則其行之當有所待而臣以為當今之弊有甚不可者夫京兆府天下之所觀望而化王政之所由始也四方之衝兩河之交舟車商賈之所聚金玉錦繡之所積故其民不知有耕稼織紝之勞富貴之所移貨利之所眩故其民不知有恭儉廉退之風以書數為終身之能以府史賤吏為鄉黨之榮故其民不知有儒學講習之賢夫是以獄訟繁滋而姦不可止為治者益以苟且而不暇及於教化四方觀之使風俗日以薄惡未始不由此也今夫為京兆者戴星而出

見燭而入案牘笞箠交乎其前拱手而待命者足相躡乎其庭持詞而来訴者肩相摩乎其門憧憧焉不知其為誰一訊而去得罪者不知其得罪之由而無罪者亦不知其無罪之實如此則刑之不服赦之不悛獄訟之繁未有已也夫大司農者天下之所以贏虛外計之所從受命也其財賦之出入簿書之交錯縱横變化足以為姦而不可推究上之人不能盡知而付吏吏分職乎其中者以數十百人其耳目足以及吾之所不及是以能者不過粗知其大綱而不能者惟吏之聽賄賂交乎其門四方之有求者聚乎其

家天下之大弊無過此二者臣竊以為省府之重其
擇人宜精其任人宜久凡今之弊皆不精不久之故
何則天下之賢者不可以多得而賢者之中求其治
繁者又不可以人人而能也幸而有一人焉又不久
而去夫世之君子苟有志於天下而欲為長遠之計
者則其效不可以朝夕見其始若迂闊而其終必將
有所可觀今朞月不報政則　朝廷以為是無能為
者不待其成而去之而其翕然見稱于人者又以為
有功而擢為兩府然則是為省府者能與不能皆不
得久也夫以省府之繁終歲不得休息　朝廷既以

汲汲而去之而其人亦莫不汲汲而求去夫吏胥者皆老於其局長子孫於其中以汲汲求去之人而御長子孫之吏此其相視如客主之勢宜其姦弊不可得而去也省府之位不為卑矣苟有能者而老于此不為不用矣古之用人者知其久勞于位則時有以賜予勸奬之以厲其心不聞其驟遷以奪其成效今天下之吏縱未能一槩久而不遷至于省府亦不可以倉卒而去吏知其久居而不去也則其欺詐固已少衰矣而其人亦得深思熟慮周旋於其間不過十年將必有卓然可觀者也

策别十

其五曰無責難無責難者將有所深責也昔者聖人之立法使人可以過而不可以不及何則其所求於人者衆人之所能也天下有能爲衆人之所不能者固無以加矣而不能者不至於犯法夫如此而猶有犯者然後可以深懲而決去之由此而言則聖人之所以不責人之所不能者將以深責乎人之所能也後之立法者異於是責人以其所不能而其所能者不深責也是以其法不可行而其事不立夫事不可以兩立也聖人知其然是故有所取必有所捨有所禁必

有所寬寬之則其禁必止捨之則其取必得今夫天下之吏不可以人人而知也故使長吏舉之又恐其舉之以私而不得其人也故使長吏任之他日有敗事則以連坐其過惡重者其罰均且夫人之難知自堯舜病之矣今日為善而明日為惡猶不可保況於十數年之後其幼者已壯其壯者已老而猶執其一時之言使同被其罪不已過乎天下之人仕而未得志也莫不勉強為善以求舉惟其既已改官而無憂是故蕩然無所不至方其在州縣之中長吏親見其廉謹勤幹之節則其勢不可以不舉彼又安知其終

身之所為哉故曰今之法責人以其所不能者謂此也一縣之長察一縣之屬一郡之長察一郡之屬職司者察其屬郡者也此三者其屬無幾耳其貪其廉其寬猛其能與不能不可謂不知也今且有人牧牛羊者而不知其肥瘠是可復以為牧人歟夫為長而屬之不知則此固可以罷免而無足惜者今其屬官有罪而其長不即以聞他日有以告者則其長不過為失察而去官者又以不坐夫失察天下之微罪也職司察其屬郡郡縣各察其屬此非人之所不能而罰之甚輕亦可恠也今之世所以重發贓吏者何也

夫吏之貪者其始必詐廉以求舉舉者皆王公貴人其下者亦卿大夫之列以身任之居官者莫不愛其同類等夷之人故其樹根牢固而不可動連坐者常六七人甚者至十餘人此如盜賊質刼良民以求茍免耳為法之弊至於如此亦可變矣如臣之策以職司守令之罪罪舉官以舉官之罪罪職司守令今使舉官與所舉之罪均縱又加之舉官亦無如之何終不能逆知終身之廉者而後舉特推之於幸不幸而已茍以其罪罪職司守令彼其勢誠有以督察之臣知貪吏小人無容足之地又何必於舉官焉艱之

卷終

東坡應詔集卷第三

策別十一

其六曰無沮善昔者先王之為天下必使天下欣欣然常有無窮之心力行不倦而無自棄之意夫惟自弃之人則其為惡也其毒而不可解是以聖人畏之設為高位重禄以待能者使天下皆得踴躍自奮扳援而來惟其才之不逮力之不足是以終不能至於其間而非聖人塞其門絶其途也夫然故一介之賤吏閭閻之匹夫莫不奔走於善至於老死而不知休息此聖人以術驅之也天下苟有甚惡而不可忍也

聖人既已絶之則屏之遠方終身不齒此非獨不仁也以爲既已絶之彼將一旦肆其毒以殘害吾民是故絶之則不用用之則不絶既已絶之又復用之則是驅之於不善而又假之以其具也無所望而爲善無所愛惜而不爲惡者天下一人而已矣以無所望之人而責其爲善以無所愛惜之人而求其不爲惡又付之以人民則天下知其不可也世之賢者何嘗之有或出於賈豎賤人甚者至於盜賊往往而是而儒生貴族世之所望爲君子者或至於放肆不軌小民之不若聖人知其然是故不逆定於其始進之時而

徐觀其所試之効使天下無必得之心亦無必不可得之道天下知其不可以必得也然後勉強於功名而不敢僥倖知其不至於必不可得也然後有以自慰其心久而不懈嗟夫聖人之所以鼓舞天下之人日化而不自知者此其為術歟後之為政者則不然用人以必得而絕人以必不可得此其意以為進賢而退不肖然天下之弊莫甚於此今夫制策之及等進士之高第皆以一日之間而決取終身之富貴此雖一時之文而未知其臨事之能否則其用之不已太遽乎天下有用人而絕之者三州縣之吏苟非有

大過而不可復用則其他犯法皆可使竭力為善以
自贖而今世之法一陷於罪戾則終身不遷使之不
自聊賴而疾視其民肆意妄行而無所顧惜此其初
未必小人也不幸而陷於其中途窮而無所入則遂
以自弃府史賤吏為國者知其不可闕也是故歲久
則補以外官以其所從來之卑也而限其所至則其
中雖有出群之才終亦不得齒於士大夫之列夫人
出身而仕者將以求貴也貴不可得而至矣則將惟
富之求此其勢然也如是則雖至於鞭笞戮辱而
不足以禁其貪故夫此二者苟不可以遂弃則宜有

以少假之也入貲而仕者皆得補郡縣之吏彼知其終不得遷亦將逞其一時之欲無所不至夫此誠不可以遷也則是用之之過而已臣故曰絕之則不用用之則不絕此三者之謂也

策別十二

安萬民者其別有六一曰敦教化夫聖人之於天下所恃以為牢固不拔者在乎天下之民可與為善而不可與為惡也昔者三代之民見危而授命見利而不忘義此非必有爵賞勸乎其前而刑罰驅乎其後也其心安於為善而忸怩於不義是故有所不為夫民

知有所不為則天下不可以敵甲兵不可以威利禄不可以誘可殺可辱可飢可寒而不可與叛此三代之所以享國長久而不拔也及至秦漢之世其民見利而忘義見危而不能授命法禁之所不及則巧偽變詐無所不為疾視其長上而幸其災因之以水旱加之以盜賊則天下枵然無復天子之民矣世之儒者常有言曰三代之時其所以教民之具甚詳且密也學校之制射饗之節冠昏喪祭之禮粲然莫不有法及至後世教化之道衰而盡廢其具是以若此無恥也然世之儒者蓋亦嘗以此等教天下之民矣而卒以無效使民

好文而益媮飾詐而相高則有之矣此亦儒者之過
也臣愚以為若此者皆好古而無術知有教化而不
知名實之所存者也實者所以信其名而名者所以
求其實也有名而無實則其名不行有實而無名則
其實不長凡今儒者之所論皆其名也昔武王既克
商散財發粟使天下知其不貪禮下賢俊使天下知
其不驕封先聖之後使天下知其仁誅飛廉惡来使
天下知其義如此則其教化天下之實固已立矣天
下聳然皆有忠信廉耻之心然後文之以禮樂教之
以學校觀之以射饗而謹之以冠昏喪祭民是以目

擊而心諭安行而自得也及至秦漢之世專用法吏以督責其民至于今千有餘年而民日以貪冒嗜利而無耻儒者乃始以三代之禮所謂名者而繩之彼見其登降揖讓盤辟俯僂之容則掩口而竊笑聞鐘鼓管磬希夷嘽緩之音則驚顧而不樂如此而欲望其遷善遠罪不已難乎臣愚以為宜先其實而後其名擇其近於人情者而先之今夫民不知信則不可與久居於安民不知義則不可與同處於危平居則欺其吏而有急則叛其君此教化之實不至天下之所以無變者幸也欲民之知信則莫若務實其言

欲民之知義則莫若務去其貪往者河西用兵而家
人子弟皆籍以為軍其始也官告以權時之宜非久
役者如是當復爾業少焉皆刺其額無一人得免自
寶元以来諸道以兵興為辭而增賦者至今皆不為
除去夫如是將何以禁小民之詐欺哉夫所貴乎縣
官之尊者為其恃於四海之富而不爭於錐刀之末
也其與民也優其取利也緩古之聖人不得已而取
則時有所置以明其不貪何者小民不知其說而惟
貪之知今雞鳴而起百工雜作匹夫入市操挾尺寸
吏且隨而稅之扼吭拊背以收絲毫之利古之設官

者求以裕民今之設官者求以勝民賦斂有常限而以先期為賢出納有常數而以羡息為能天地之間苟可以取者莫不有禁求利太廣而用法太密故民日趨於貧臣愚以為難行之言當有所必行而可取之利當有所不取以教民信而示之義若曰國用不足而未可以行則臣恐其失之多於得也

策别十三

其二曰勸親睦夫民相與親睦者王道之始也昔三代之制畫為井田使其比閭族黨各相親愛有急相賙有喜相慶死喪相恤疾病相養是故其民安居而

事則往来歡欣而獄訟不生有寇而戰則同心并力而緩急不離自秦漢以来法令峻急使民離其親愛歡欣之心而為隣里告訐之俗富人子壯則出居貧人子壯則出贅一國之俗而家各有法一家之法而人各有心紛紛乎散亂而不相屬是以禮讓之風息而爭鬭之獄繁天下無事則務為欺詐相傾以自成天下有變則流徙渙散相弃以自存嗟夫秦漢以下天下何其多故而難治也此無他民不愛其身則輕犯法輕犯法則王政不行欲民之愛其身則莫若使其父子親兄弟和妻子相好夫民仰以事父母旁以

睦兄弟而俯以卹妻子則其所頼於生者重而不忍
以其身輕犯法三代之政莫尚於此矣今欲教民和
親則其道必始於宗族臣欲復古之小宗以收天下
不相親屬之心古者有大宗小宗故禮曰別子為祖
繼別為宗繼禰者為小宗有百世不遷之宗有五世
則遷之宗百世不遷者別子之後也宗其繼別子之
所自出者百世不遷者也宗其繼高祖者五世則遷
者也古者諸侯之子弟異姓之卿大夫始有家者不
敢禰其父而自使其嫡子後之則為大宗族人宗之
雖百世而宗子死則為之服齊衰九月故曰宗其繼

别子之所自出者百世不遷者也别子之庶子又不得禰别子而自使其嫡子為後則為小宗小宗五世之外則無服其繼禰者親兄弟為之服其繼祖者從兄弟為之服其繼曾祖者再從兄弟為之服其繼高祖者三從兄弟為之服其服大功九月而高祖以外親盡則易宗故曰宗其繼高祖者五世則遷者也小宗四有繼高祖者有繼曾祖者有繼祖者有繼禰者與大宗為五此所謂五宗也古者立宗之道嫡子既為宗則其庶子之嫡子又各為其庶子之宗其法止於四而其實無窮自秦漢以来天下無世卿大宗之

法不可以復立而其可以收合天下之親者有小宗
之法存而莫之行此甚可惜也今夫天下所以不重
族者有族而無宗也有族而無宗則族不可合族不
可合則雖欲親之而無由也族人而不相親則忘其
祖矣今世之公卿大臣賢人君子之後所以不能世
其家如古之久遠者其族散而忘其祖也故莫若復
小宗使族人相率而尊其宗子宗子死則為之加服
犯之則以其服坐貧賤不敢輕而富貴不敢以加之
冠昏必告喪葬必赴此非有所難行也今夫良民之
家士大夫之族亦未必無孝弟相親之心而族無宗

子莫為之糾率其勢不得相親是以世之人有親未盡而不相往来冠昬不相告死不相赴而無知之民遂至於父子異居而兄弟相訟然則王道何從而興乎嗚呼世人之患在於不務遠見古之聖人合族之法近於迂闊而行之朞月則望其有益故夫小宗之法非行之難而在乎久而不怠也天下之民欲其忠厚和柔而易治其必自小宗始矣

策別十四

其三曰均户口夫中國之地足以食中國之民有餘也而民常病於不足何哉地無變遷而民有聚散聚

則爭於不足之中而散則弃於有餘之外是故天下常有遺利而民用不足昔者三代之制度地以居民民各以其夫家之衆寡而受田于官一夫而百畝民不可以多得尺寸之地而地亦不可以多得一介之民故其民均而地有餘當周之時四海之内地方千里者九而京師居其一有田百同而爲九百萬夫之地山陵林麓川澤溝瀆城郭宫室塗巷三分去一爲六百萬夫之地又以上中下田三等而通之以再易爲率則王畿之内足以食三百萬之衆以九州言之則是二千七百萬夫之地也而計之以下農夫一夫之

地而食五人則是萬有三千五百萬人可以仰給於其中當成康刑措之後其民極盛之時九州之籍不過千三萬四千有餘夫地以十倍而民居其一故穀常有餘而地力不耗何者均之有術也自井田廢而天下之民轉徙無常惟其所樂則聚以成市側肩躡踵以爭尋常挈妻負子以分升合雖有豐年而民無餘蓄一遇水旱則弱者轉於溝壑而強者聚為盜賊地非不足而民非加多也蓋亦不得均民之術而已夫民之不均其弊有二上之人賤農而貴末忽故而重新則民不均夫民之為農者莫不重遷其墳墓廬

舍桑麻果蔬牛羊耒耜皆爲子孫百年之計惟其百
工技藝游手浮食之民然後可以懷輕資而極其所
往是故上之人賤農而貴末則農人釋其耒耜而游
於四方擇其所樂而居之其弊一也凡人之情怠於
久安而謹於新集水旱之後盜賊之餘則莫不輕刑
罰薄稅歛省力役以懷逋逃之民而其久安而無變
者則不肯無故而加䘏是故上之人忽故而重新則
其民稍稍引去聚於其所重之地以至於衆多而不
能容其弊二也臣欲去其二弊而開其二利以均斯
民昔者聖人之興作也必因人之情故易爲功必因

時之勢故易為力今欲無故而遷徙安居之民分多
而益寡則怨謗之門盜賊之端必起於此未享其利
而先被其害臣愚以為民之情莫不懷土而重去惟
士大夫出身而仕者狃於遷徙之樂而忘其鄉昔漢
之制吏二千石皆徙諸陵今之計可使天下之吏仕
至某者皆徙荆襄唐鄧許汝陳蔡之間今士大夫無
不樂居於此者顧恐獨往而不能濟彼見其儕類等
夷之人莫不在焉則其去惟恐後耳此所謂因人之
情夫天下不能歲歲而豐也則必有飢饉流亡之所
民方其困急時父子且不能相顧又安知去鄉之為

戚哉當此之時募其樂從者而使所過廪之費不甚
厚而民樂行此所謂因時之勢然此二者皆授其田
貸其耕耘之具而緩其租然後可以固其意夫如是
天下之民其庶乎有息肩之漸也

策别十五

其四曰較賦役自兩稅之興因地之廣狹瘠腴而制
賦因賦之多少而制役其初蓋甚均也責之厚賦則
其財足以供署之重役則其力足以堪何者其輕重
厚薄一出於地而不可易也戸無常賦視地以爲賦
人無常役視賦以爲役是故貧者鬻田則賦輕而富

者加地則役重此所以度民力之所勝亦所以破兼
并之門而塞僥倖之源也及其後世歲月既久則小
民稍稍爲姦度官吏耳目之所不及則雖有法禁公
行而不忌今夫一戶之賦官知其爲賦之多少而不
知其爲地之幾何也如此則增損出入惟其意之所
爲官吏雖明法禁雖嚴而其勢無由以止絶且其爲
姦當起於貿易之際夫鬻田者必窮迫之人而所從
鬻者必富厚有餘之家富者恃其有餘而邀之貧者
迫於飢寒而欲其速售是故多取其地而少入其賦
有田者方其貧困之中苟可以緩一時之急則不暇

計其他日之利害故富者地日以益而賦不加多貧者地日以削而賦不加少又其姦民欲以計免於賦役者割數畝之地加之以數倍之賦而收其少半之直或者亦貪其直之微而取焉是以數十年來天下之賦大抵淆亂有兼并之族而賦甚輕有貧弱之家而不免於重役以至於破敗流移而不知其所往其賦存而其人亡者天下皆是也夫天下不可以有僥倖也天下有一人焉僥倖而免則亦必有一人焉不幸而受其弊今天下僥倖者如此之衆則其不幸而受其弊者從亦可知矣三代之賦以什一爲輕今

之法本不至於什一而取然天下嗷嗷然以賦斂為病者豈其歲久而姦生偏重而不均以至於此歟雖然天下皆知其為患而不能去何者勢不可也今欲按行其地之廣狹瘠腴而更制其賦之多寡則姦吏因緣為賄賂之門其廣狹瘠腴亦將一切出於其意之喜怒則患益深是故士大夫畏之而不敢議而臣以為此最易見者顧弗之察耳夫易田者必有契契必有所直之數其所直之數必得其廣狹瘠腴之實而官必據其所直之數而取其易田之稅是故欲知其地之廣狹瘠腴可以其稅推也久遠者不可復知矣

其數十年之閒皆足以推較求之故府猶可得而見茍其稅多者則知其直多其直多者則知其田多且美也知此而其賦少其役輕則夫人亡而賦存者可以有均矣鬻田者皆以其直之多少而詰其賦重為之禁而使不敢以不實之直而書之契則夫自今以往者貿易之際為姦者其少息矣要以知凡地之所直與凡賦之所宜多少而以稅參之如此則一持籌之吏坐於帳中足以周知四境之虛實不過數月而民得以少蘇不然十數年之後將不勝其弊重者日以輕而輕者日以重而未知其所終也

卷第三

東坡應詔集卷第四

策別十六

其五曰教戰守夫當今生民之患果安在哉在於知安而不知危能逸而不能勞此其患不見於今將見於他日今不為之計其後將有所不可救者昔者先王知兵之不可去也是故天下雖平不敢忘戰秋冬之隙致民田獵以講武教之以進退坐作之方使其耳目習於鐘鼓旌旗之間而不亂使其心志安於斬刈殺伐之際而不懾是以雖有盜賊之變而民不至於驚潰及至後世用迂儒之議以去兵為王者之盛

節天下既定則卷甲而藏之數十年之後甲兵頓弊而人民日以安於佚樂卒有盜賊之警則相與恐懼訛言不戰而走開元天寶之際天下豈不大治惟其民安於太平之樂酣豢於游戲酒食之間其剛心勇氣消耗鈍眊痿蹶而不復振是以區區之禄山一出而乘之四方之民獸奔鳥竄乞為囚虜之不暇天下分裂而唐室因以微矣蓋嘗試論之天下之勢譬如一身王公貴人所以養其身者豈不至哉而其平居常苦於多疾至於農夫小民終歲勞苦而未嘗告疾此其故何也夫風雨霜露寒暑之變此疾之所

由生也農夫小民盛夏力作而窮冬暴露其筋骸之所衝犯肌膚之所浸漬輕霜露而狎風雨是故寒暑不能為之毒今王公貴人處於重屋之下出則乘輿風則襲裘雨則御蓋凡所以慮患之具莫不備至畏之太甚而養之太過小不如意則寒暑入之矣是故善養身者使之能逸而能勞步趍動作使其四體狃於寒暑之變然後可以剛健強力涉險而不傷夫民亦然今者治平之日久天下之人驕惰脆弱如婦人孺子不出於閨門論戰鬬之事則縮頸而股慄聞盜賊之名則掩耳而不願聽而士大夫亦

未甞言兵以爲生事擾民漸不可長此不亦畏之太甚
而養之太過歟且夫天下固有意外之患也愚者見
四方之無事則以爲變故無自而有此亦不然矣今
國家所以奉西北之虜者歲以百萬計奉之者有限
而求之者無厭此其勢必至於戰戰者必然之勢也
不先於我則先於彼不出於西則出於北所不可知
者有遲速遠近而要以不能免也天下苟不免於用
兵而用之不以漸使民於安樂無事之中一旦出身
而蹈死地則其爲患必有所不測故曰天下之民知
安而不知危能逸而不能勞此臣所謂大患也臣欲

使士大夫尊尚武勇講習兵法庶人之在官者教以行陣之節役民之司盜者授以擊刺之術每歲終則聚之郡府如古都試之法有勝負賞罰而行之既久則又以軍法從事然議者必以為無故而動民又悚以軍法則民將不安而臣以為此所以安民也天下果未能去兵則其一旦將以不教之民而驅之戰夫無故而動民雖有小恐然孰與夫一旦之危哉今天下屯聚之兵驕豪而多怨陵壓百姓而邀其上者何故此其心以為天下之知戰者惟我而已如使平民皆習於兵彼知有所敵則固已破其姦謀而折其驕

氣利害之際豈不亦甚明歟

策別十七

其六曰去姦民自昔天下之亂必生於治平之日休養生息而姦民得容於其間蓄而不發以待天下之釁至於時有所激勢有所乘則潰裂四出不終朝而毒流於天下聖人知其然是故嚴法禁督官吏以司察天下之姦民而去之夫大亂之本必起於小姦惟其小而不足畏是故其發也常至於亂天下今夫世人之所憂以為可畏者必曰豪俠大盜此不知變者之說也天下無小姦則豪俠大盜無以為資且其治

平無事之時雖欲為大盜將安所容其身而其殘忍貪暴之心無所發洩則亦時出為盜賊聚為博奕群飲於市肆而叫號於郊野小者呼雞逐狗大者椎牛發塚無所不至捐父毋弃妻孥而相與嬉游凡此者舉非小盜也天下有釁鉏耰棘矜相率而剽奪者皆嚮之小盜也昔三代之聖王果斷而不疑誅除擊去無有遺類所以擁護良民而使安其居及至後世刑法日以深嚴而去姦之法乃不及於三代何者待其敗露自入於刑而後去也夫為惡而不入於刑者固已衆矣有終身為不義而其罪不可指名以附於法

者有巧為規避持吏短長而不可詰者又有因緣幸
會而免者如必待其自入於刑則其所去者蓋無幾
耳昔周之制民有罪惡未麗於法而害於州里者桎
梏而坐諸嘉石重罪役之朞以次輕之其下罪三月
役使州里任之然後宥而舍之其化之不從威之不格
患苦其鄉之民而未入於五刑者謂之罷民凡罷民不
使冠帶而加明刑任之以事而不齒於鄉黨由是觀之
則周之盛時日夜整齊其人民而鋤去其不善譬如
獵人終日馳驅踐蹂於草茅之中搜求伏兎而搏之
不待其自投於網羅而後取也夫然故小惡不容於

鄉大惡不容於國禮樂之所以易化而法禁之所以易
行者由此之故也今天下久安天子以仁恕為心而士
大夫一切以寛厚為稱上意而懦夫庸人又有所僥倖
務出罪人外以邀雪寃之賞而内以待陰德之報臣是
以知天下頗有不誅之姦將為子孫憂宜明敕天下之
吏使以歲時糾察凶民而徙其尤無良者不必待其
自入於刑而間則命使出按郡縣有子不孝有弟不
悌好訟而數犯法者皆誅無赦誅一鄉之姦則一鄉
之人悅誅一國之姦則一國之人悅要以誅寡而悅衆
則雖舜亦如此而已矣天下有三患而蠻夷之憂不

與焉有內大臣之變有外諸侯之叛有匹夫群起之禍此三者其勢常相持內大臣有權則外諸侯不叛外諸侯強則匹夫群起之禍不作今者內無權臣外無彊諸侯而萬世之後其或可憂者姦民也臣故曰去姦民以為安民之終云

策別十八

厚貨財者其別有七一曰省費用夫天下未嘗無財也昔周之興文王武王之國不過百里當其受命四方之君長交至於其廷軍旅四出以征伐不義之諸侯而未嘗患無財方此之時關市無征山澤不禁取於

民者不過什一而財有餘及其衰也內食千里之租外收千八百國之貢而不足於用由此觀之夫財豈有多少哉人君之於天下俯己就人則易爲功仰人以援己則難爲力是故廣取以給用不如節用以廉取之爲易也臣請得以小民之家而推之夫民方其窮困時所望不過十金之資計其衣食之費妻子之奉出入於十金之中寬然而有餘及其一旦稍稍畜聚衣食既足則心意之欲日以漸廣所入益衆而所欲益以不給不知罪其用之不節而以爲求之未至也是以富而愈貪求愈多而財愈不供此其爲惑未可以

知其所終也盍亦反其始而思之夫鬻者豈能寒而不衣飢而不食乎今天下汲汲乎以財之不足為病何以過此　國家創業之初四方割據中國之地至狹也然歲歲出師以誅討僭亂之國南取荆楚西平巴蜀而東下并潞其費用之衆又百倍於今可知也然天下之士未嘗思其始而惴惴焉患今世之不足則亦甚惑矣夫為國有三計有萬世之計有一時之計有不終月之計古者三年耕必有一年之畜以三十年之通則可以九年無飢也歲之所入足用而有餘是以九年之畜常閒而無用卒有水旱之變盜賊之

憂則官可以自辦而民不知若此者天不能使之災地不能使之貧四夷盜賊不能使之困此萬世之計也而其不能者一歲之入纔足以為一歲之出天下之產僅足以供天下之用其平居雖不至於虐取其民而有急則不免於厚賦故其國可靜而不可動可逸而不可勞此亦一時之計也至於最下而無謀者量出以為入用之不給則取之益多天下晏然無大患難而盡用衰世苟且之法不知有急則將何以加之此所謂不終月之計也今天下之利莫不盡取山陵林麓莫不有禁關有征市有租鹽鐵有榷酒有課

恭有算則凡衰世苟且之法莫不盡用矣譬之於人
其少壯之時豐健武勇然後可以望其無疾以至於
壽考今未五六十而衰老之候俱見而無遺若八九
十者將何以待其後耶然天下之人方且窮思竭慮
以廣求利之門且人而不急則以為費用不可復省
使天下而無鹽鐵酒茗之稅將不為國乎臣有以知
其不然也天下之費固有去之甚易而無損存之甚
難而無益者矣臣不能盡知請舉其所聞而其餘可
以類求焉夫無益之費名重而實輕以不急之實而
被之以莫大之名是以疑而不敢去三歲而郊郊而

赦赦而賞此縣官有不得已者天下吏士數日而待
賜此誠不可以卒去至于大吏所謂股肱耳目與縣
官同其憂樂者此豈亦不得已而有所畏耶天子有
七廟今又飾老佛之宮而為之祠固已過矣又使大
臣以使領之歲給以巨萬計此何為者也天下之吏
為不少矣將患未得其人苟得其人則凡民之利莫
不備舉而其患莫不盡去今河水為患不使濵河州
郡之吏親行其災而責之以救災之術顧為都水監
夫四方之水患豈其一人坐籌於京師而盡其利害
天下有轉運使足矣今江淮之間又有發運祿賜之

厚徒兵之衆其為費豈可勝計哉蓋嘗聞之里有畜馬者患牧人欺之而盜其芻菽也又使一人焉為之廄長廄長立而馬益瘦今為政不求其本而治其末自是而推之天下無益之費不為不多矣臣以為凡若此者日求而去之自毫釐以往莫不有益惟無輕其毫釐而積之則天下庶乎少息也

策別十九

其二曰定軍制自三代之衰井田廢兵農異處兵不得休而為民民不得息肩而無事於兵者千有餘季而未有如今日之極者也三代之制不可復追矣至

於漢唐猶有可得而言者夫兵無事而食則不可使聚聚則不可使無事而食此二者相勝而不可並行其勢然也今夫有百頃之閒田則足以牧馬千駟而不知其費聚千駟之馬而輸百頃之芻則其費百倍此易曉也昔漢之制有踐更之卒而無營田之兵雖皆出於農夫而方其為兵也不知農夫之事是故郡縣無常屯之兵而京師亦不過有南北軍期門羽林而已邊境有事諸侯有變皆以虎符調發郡國之兵至于事已而兵休則渙然各復其故是以其兵雖不知農而天下不至于弊者未嘗聚也唐有天下置十六

衛府兵天下之府八百餘所而屯于關中者至有五
百然皆無事則力耕而積谷不惟以自贍養而又有
以廣縣官之儲是以兵雖聚于京師而天下亦不至
於弊者未嘗無事而食也今天下之兵不耕而聚于
京畿三輔者以數十萬計皆仰給於縣官有漢唐之
患而無漢唐之利擇其偏而兼用之是以兼受其弊
而莫之分也天下之財近自淮甸而遠至于吴蜀凡
舟車所至人力所及莫不盡取以歸于京師晏然無
事而賦歛之厚至于不可復加而三司之用猶苦其
不給其弊皆起於不耕之兵聚于内而食四方之貢

賦非特如此而已又有循環往來屯戍于郡縣者昔建國之初所在分裂擁兵而不服　太祖　太宗躬擐甲冑力戰而取之既降其君而籍其疆土矣然其故基餘孽猶有存者上之人見天下之難合而恐其復發也於是出禁兵以戍之大自藩府而小至于縣鎮往往皆有京師之兵由此觀之則是天下之地一尺一寸皆天子自為守也而可以長久而不變乎費莫大於養兵養兵之費莫大於征行今出禁兵而戍郡縣遠者或數千里其月廩歲給之外又日供其芻糧三歲而一遷往者紛紛來者纍纍雖不過數百為輩而

要其歸無以異於數十萬之兵三歲而一出征也農夫之力安得不竭餽運之卒安得不疲且夫天下未甞有戰鬭之事武夫悍卒非有勞伐可以邀其上之人然皆不得為休息閑居無用之兵者其意以為為天子出戍也是故美衣豐食開府庫輦金帛若有所負一逆其意則欲群起而譟呼此何為者也天下一家且數十百年矣民之戴君至於海隅無以異於畿甸亦不必舉疑四方之兵而專信禁兵也曩者蜀之有均賊與近歲貝州之亂未必非禁兵致之臣愚以為郡縣之土兵可以漸訓而陰奪其權則禁兵可以

漸省而無用天下武健豈有常所哉山川之所習風
氣之所咻四方之民一也昔者戰國嘗用之矣蜀人
之怯懦吴人之短小皆嘗以抗衡于上國夫安得禁
兵而用之今之土兵所以鈍弊劣弱而不振者彼見
郡縣皆有禁兵而待之異等是以自弃于賤隸役夫
之間而將吏亦莫之訓也苟禁兵漸省而以其資糧
益優郡縣之土兵則彼固以歡欣踴躍出于意外戴
上之恩而願效其力入何遽不如禁兵耶夫土兵日
以多禁兵日以少天子扈從捍城之外無所復用如
此則内無屯聚仰給之費而外無遷徙供億之勞費

之省者又已過半矣

策別二十

訓兵旅者其別有三一曰蓄材用夫今之所患兵弱而不振者豈士卒寡少而不足使歟器械鈍弊而不足用歟抑爲城郭不足守歟廪食不足給歟此數者皆非也然所以弱而不振則是無材用也夫國之有材譬如山澤之有猛獸江河之有蛟龍伏乎其中而威見乎其外悚然有所不可狎者至于鰍蚖之所蟠牂豚之所牧雖千仞之山百尋之溪而人易之何則其見于外者不可欺也天下之大不可謂無人朝

廷之尊百官之富不可謂無才然以區區之二虜舉
數州之衆以臨中國抗天子之威犯天下之怒而其
氣未嘗少衰其詞未嘗少挫則是其心無所畏也主
憂則臣辱主辱則臣死今朝廷之上不能無憂而大
臣恬然未嘗有拒絶之義非不欲絶也而未有以待
之則是　朝廷無所恃也縁邊之民西顧而戰慄牧
馬之士不敢彎弓而北嚮吏士未戰而先期於敗則
是民輕其上也外之蠻夷無所畏内之　朝廷無所
恃而民又自輕其上此猶是以為有人乎天下未嘗
無才患所以求才之道不至古之聖人以無益之名

而致天下之實以可見之實而較天下之虛名二者相為用而不可廢是故其始也天下莫不紛然奔走從事於其間而要之以其終不肖者無以欺其上此無他先名而後實也不先其名而唯實之求則来者寡来者寡則不可以有所擇以一旦之急而用不擇之人則是不先名之過也天子之所嚮天下之所奔也今夫孫吳之書其讀之者未必能戰也多言之士喜論兵者未必能用也進之以武舉而試之以騎射天下之奇才未必至也然將以求天下之實則非此三者不可以致以為未必至而弃之則是其必然者終不可

得而見也往者西師之興其先也惟不以虛名多致天下之才而擇之以待一旦之用故其兵興之際四顧惶惑而不知所措於是設武舉購方略收勇悍之士而開倡狂之言不爲高爵重賞以求强兵之術當此之時天下囂然莫不自以爲知兵也來者日多而其言益以無據至于臨事終不可用執事之臣亦遂厭之而知其無益故兵休之日舉從而廢之今之論者以爲武舉方略之類適足以開僥倖之門而天下之實才終不可以求得此二者皆過也夫既已用天下之虛名而不較之以實至其弊也又舉而廢其名

使天下之士不復以其術進亦已過矣天下之實才不可以求之於言語又不可以較之於武力獨見之於戰耳戰不可得而試也是故見之於治兵子玉治兵於蔿終日而畢鞭七人貫三人耳蔿賈觀之以為剛而無禮知其必敗孫武始見試以婦人而猶足以取信於闔閭使知其可用故凡欲觀將帥之才否莫如治兵之不可欺也今夫新募之兵驕而難令勇悍而不知戰此真足以觀天下之才也武舉方略之類以来之新兵以試之觀其顏色和易則足以見其氣約束堅明則足以見其威坐作進退各得其所則足

以見其能凡此者皆不可強也故曰先之以無益之虛名而較之以可見之實庶乎可得而用也

東坡應詔集卷第四

重刊明成化本東坡七集

東坡應詔集卷第五

策別二十一

其三曰練軍實三代之兵不待擇而精其故何也兵出于農有常數而無常人國有事要以一家而備一正卒如斯而已矣是故老者得以養疾病者得以爲閑民而役於官者莫不皆其壯子弟故其無事而田獵則未嘗發老弱之民師行而餽糧則未嘗食無用之卒使之足輕險阻而手易器械聰明足以赴旗鼓之節強鋭足以犯死傷之地千乘之衆而人人足以自捍故殺人少而成功多費用省而兵卒強蓋春秋之

時諸侯相并天下百戰其經傳所見謂之敗績者如城濮鄢陵之役皆不過犯其偏師而獵其游卒斂兵而退未有僵尸百萬流血於江河如後世之戰者何也民各推其家之壯者以為兵則其勢不可得而多殺也及至後世兵民既分兵不得復而為民於是始有老弱之卒夫既以募民而為兵其妻子屋廬既已託於營伍之中其姓名既以書於官府之籍行不得為商居不得為農而仰食於官至於衰老而無歸則其道誠不可以弃去是故無用之卒雖薄其資糧而皆廩之終身凡民之生自二十以上至於衰老不過四

十餘年之間勇鋭強力之氣是以犯堅冒刄者不過二
十餘年今廪之終身則是一卒凡二十年無用而食于
官也自此而推之養兵十萬則是五萬人可去也屯兵十
年則是五年為無益之費也民者天下之本而財者民
之所以生也有兵而不可使戰是謂弃財不可使戰而
驅之戰是謂弃民臣觀秦漢之後天下何其殘敗之
多耶其弊皆起於分民而為兵兵不得休使老弱不
堪之卒拱手而就戮故有以百萬之衆而見屠於數
千之兵者有良將善用不過以為餌委之啖賊嗟夫
三代之衰民之無罪而死者其不可勝數矣今天下

募兵至多往者陝西之役舉籍平民以爲兵加以明
道寶元之間天下旱蝗次及近歲青齊之飢與河
朔之水災民急而爲兵者日益以衆舉籍而按之近
世以來募兵之多無如今日然皆老弱不教不能當
古之十五而衣食之費百倍於古此甚非所以長久
而不變者也凡民之爲兵者其類多非良民方其少
壯之時博奕飲酒不安於家而後能捐其身至其少
衰而氣沮蓋亦有悔而不可復者矣臣以謂五十已
上願復而爲民者宜聽自今以往民之願爲兵者皆
三十以下則收限以十年而除其籍民三十而爲兵

十年而復歸其精力思慮猶可以養生送死爲終身之計使其應募之日心知其不出十年而爲十年之計則除其籍而不怨以無用之兵終身坐食之費而爲重募則應者必衆如此縣官長無老弱之兵而民之不任戰者不至於無罪而死彼皆知其不過十年而復爲平民則自愛其身而重犯法不至於叫呼無賴以自弃於凶人今夫天下之患在於民不知兵故兵常驕悍而民常怯盜賊攻之而不能禦戎狄掠之而不能抗今使民得更代而爲兵兵得復還而爲民則天下之知兵者衆而盜賊戎狄將有所忌然獨有言

者將以爲十年而代故者已去而新者未教則緩急有所不濟夫所謂十年而代者豈舉軍而並去之有始至者方將去者有當代者新故雜居而教之則緩急可以無憂矣

策別二十二

其三曰倡勇敢臣聞戰以勇爲主以氣爲決天子無皆勇之將而將軍無皆勇之士是故致勇有術致勇莫先乎倡倡莫善乎私此二者兵之微權英雄豪傑之士所以陰用而不言於人而人亦莫之識也臣請得以備言之夫倡者何也氣之先也有人人之勇怯

有三軍之勇怯人人而較之則勇怯之相去若挺與楹至于三軍之勇怯則一也出於反覆之間而差於毫氂之際故其權在將與君人固有暴猛獸而不操兵出入於白刃之中而色不變者有見虺蜴而却走聞鐘鼓之聲而戰慄者是勇怯之不齊至於此然閭閻之小民爭鬬戲笑卒然之間而或至於殺人當其發也其心翻然其色勃然若不可以已者雖天下之勇夫無以過之及其退而思其身顧其妻子未始不惻然悔也此非必勇者也氣之所乘則奪其性而忘其故故古之善用兵者用其翻然勃然而未悔之間而其不善者沮其

翻然勃然之心而開其自悔之意則是不戰而先自
敗也故曰致勇有術致勇莫先乎倡均是人也皆食
其食皆任其事天下有急而有一人焉奮而爭先而
致其死則翻然者衆矣弓矢相及劍楯相交勝負之
勢未有所決而三軍之士屬目於一夫之先登則勃
然者相繼矣天下之大可以名刼也三軍之衆可以
氣使也諺曰一人善射百夫決拾苟有以發之及其
翻然勃然之間而用其鋒是之謂倡倡莫善乎私
天下之人怯者居其百勇者居其一是難得也捐其
妻子弃其身以蹈白刃是勇者難能也以難得之

人行難能之事此必有難報之恩者矣天子必有所私之將將軍必有所私之士視其勇者而陰厚之人之有異材者雖未有功而其心莫不自異自異而上不異之則緩急不可以望其爲倡故凡緩急而肯爲倡者必其上之所異也昔漢武帝欲觀兵于四夷以逞其無厭之求不愛通侯之賞以招勇士風告天下以求奮擊之人然卒無有應者於是嚴刑峻法致之死地而聽其以深入贖罪使勉強不得已之人馳驟於死生之地是故其將降其兵破敗而天下幾至於不測何者先無所異之人而望其爲倡不已難乎私者天下之所

惡也然而爲己而私之則私不可用爲其賢於人而私
之則非私無以濟蓋有無功而可賞有罪而可赦者凡
所以媿其心而責其爲倡也天下之禍莫大於上作而下
不應上作而下不應則上亦將窮而自止方西戎之叛
也天子非不欲赫然誅之而將帥之臣謹守封略收視
内顧莫有一人先奮而致命而士卒亦循循焉莫肯盡
力不得已而出爭先而歸故西戎得以肆其猖狂而吾
無以應則其勢不得不重賂而求和其患起於天子
無同憂患之臣而將軍無心腹之士西師之休十有
餘年矣用法益密而進人益艱賢者不見異勇者不

見私天下務為奉法循令要以如式而止臣不知其緩急將誰為之倡哉

策斷二十三

二虜為中國患至深遠也天下謀臣猛將豪傑之士欲有所逞於西北者久矣聞之兵法曰先為不可勝以待敵之可勝嚮者臣愚以為西北雖有可勝之形而中國未有不可勝之備故竊嘗以為可特設一官使獨任其責而執政之臣得以專治內事苟天下之弊莫不盡去紀綱修明食足而兵強百姓樂業知愛其君卓然有不可勝之備如此則臣固將備論而極

言之夫天下將興其積必有源天下將亡其發必有門聖人者唯知其門而塞之古之亡天下者四而天子無道不與焉蓋有以諸侯強偪而至於亡者周唐是也有以匹夫横行而至於亡者秦是也有以大臣執權而至於亡者漢魏是也有以蠻夷内侵而至於亡者三晉是也司馬氏石氏使此亡代之君皆能逆知其所由亡之門而塞之則至于今可以不廢惟其諱亡而不為之備或備之而不得其門故禍發而不救夫天子之勢蟠於天下而結於民心者甚厚故其亡也必有大隙焉而日潰之其窺之甚難其取之甚密曠日持久

然後可得而聞蓋非有一日卒然不救之患也是故聖人必於其全盛之時而塞其所由亡之門蓋臣以為當今之患外之可畏者西戎北狄而內之可畏者天子之民也西戎北狄不足以為中國之大憂而其動也有以召內之禍內之民執其存亡之權而不能獨起其發也必將待外之變先之以戎狄而繼之以吾民臣之所謂可畏者有此而已昔者敵國之患起於多求而不供供者有倦而求者無厭以有倦待無厭而能久安於無事天下未嘗有也故夫二虜之患特有遠近耳而要以必至於戰敢問今之所以戰者何也其無乃出

於倉卒而備於一時乎且夫兵不素定而出於一時當其
危疑擾攘之間而吾不能自必則權在敵國權在敵國
則吾欲戰不能欲休不可進不能戰而退不能休則其
計將出於求和求和而自我則其所以爲媾者必重軍
旅之後而繼之以重媾則國用不足國用不足則加賦
於民加賦而不已則凡暴取豪奪之法不得不施於今
之世矣天下一動變生無方國之大憂將必在此蓋嘗
聞之用兵有權權之所在其國乃勝是故國無大小
兵無强弱有小國弱兵而見畏於天下者權在焉耳千
鈞之牛制於三尺之童弭耳而下之曾不如狙猿之奮

擲於山林此其故何也權在人也我欲則戰不欲則守戰則天下莫能支守則天下莫能窺昔者秦嘗用此矣開關出兵以攻諸侯則諸侯莫不願割地而求和諸侯割地而求和於秦秦人未嘗急於割地之利若不得已而後應故諸侯嘗欲和而秦嘗欲戰如此則權固在秦矣且秦非能強於天下之諸侯秦惟能自必而諸侯不能是以天下百變而卒歸於秦諸侯之利固在從也朝聞陳軫之說而合為從暮聞張儀之計而散為橫秦則不然橫人之欲為橫從人之欲為從皆使其自擇而審處之諸侯相顧而終莫能自必則

權之在秦不亦宜乎嚮者寶元慶曆之間河西之役可以見矣其始也不得已而後戰其終也逆探其意而與之和又從而厚餽之惟恐其一日復戰也如此則賊常欲戰而我常欲和賊非能常戰也特持其欲戰之形以乘吾欲和之勢屢用而屢得志是以中國之大而權不在焉欲天下之安則莫若使權在中國欲權之在中國則莫若先發而後罷示之以不憚形之以好戰而後天下之權有所歸矣今夫庸人之論則曰勿為禍始古之英雄之君豈其樂禍而好殺唐太宗既平天下而又歲歲出師以從事於夷狄蓋晚而

不倦暴露於千里之外親擊高麗者再焉凡此者皆所以爭先而處強也當時群臣不能深明其意以為敵國無釁而我則發之夫為國者使人備己則權在我而使己備人則權在人當太宗之時四夷狼顧以備中國故中國之權重苟不先之則彼或以執其權矣而我又鰓鰓焉惡戰而樂罷使敵國知吾之所忌而以是取必於吾如此則雖有天下吾安得而為之唐之衰也惟其厭兵而畏戰一有敗衄則兢兢焉縮首而去之是故姦臣執其權以要天子及至憲宗奮而不顧雖小挫而不為之沮當此之時天下之權

在於朝廷伐之則足以爲威舍之則足以爲恩臣故曰先發而後罷則權在我矣

策斷二十四

臣聞用兵有可以逆爲數十年之計者有朝不可以謀夕者攻守之方戰鬭之術一日百變猶以爲拙若此者朝不可以謀夕者也古之欲謀人之國者必有一定之計勾踐之取吴秦之取諸侯高祖之取項籍皆得其至計而固執之是故有利有不利有進有退百變而不同而其一定之計未始易也勾踐之取吴是驕之而已秦之取諸侯是散其從

而已高祖之取項籍是間踈其君臣而已此其至計不可易者雖百年可知也今天下晏然未有用兵之形而臣以爲必至於戰則其攻守之方戰鬬之術固未可以豫論而臆斷也然至於用兵之大計所以固執而不變者臣請得以豫言之夫西戎北胡皆爲中國之患而西戎之患小北胡之患大此天下之所明知也管仲曰攻堅則瑕者堅攻瑕則堅者瑕故二者皆所以爲憂而臣以爲兵之所加宜先於西故先論所以制御西戎之大略今夫鄒與魯戰則天下莫不以爲魯勝大小之勢異也然而勢有所激則大者失

其所以爲大而小者忘其所以爲小故有以鄒勝魯者矣夫大有所短小有所長地廣而備多備多而力分小國聚而大國分則強弱之勢將有所反大國之人譬如千金之子自重而多疑小國之人計窮而無所恃則致死而不顧是以小國常勇而大國常怯恃大而不戒則輕戰而屢敗知小而自畏則深謀而必克此又其理然也夫民之所以守戰至死而不去者以其君臣上下歡欣相得之際也國大則君尊而上下不交將軍貴而吏士不親法令繁而民無所措其手足若夫小國之民截然其若一家也有憂則相卹有急則相

赴凡此數者是小國之所長而大國之所短也大國而不用其所長使小國常出於其所短雖百戰而百屈豈足怪哉且夫大國則固有所長矣長於戰而不長於守夫守者出於不足而已譬之於物大而不用則易以腐敗故凡擊搏進取所以用大也孫武之法十則圍之五則攻之倍則分之敵則能戰之少則能逃之不若則能避之自敵以上者未嘗有不戰也自敵以上而不戰則是以有餘而用不足之計固已失其所長矣凡大國之所恃吾能分兵而彼不能分吾能數出而彼不能應譬如千金之家日出其財以罔市利而飯夫小民終莫能

與之競者非智不若其財少也是故販夫小民雖有桀

黠之才過人之智而其勢不得不折而入於千金之家

何則其所長者不可以與較也西戎之於中國可謂小

國矣嚮者惟不用其所長是以聚兵連年而終莫能服

今欲用吾之所長則莫若數出數出莫若分兵臣之所

謂分兵者非分屯之謂也分其居者與行者而已今河

西之戍卒惟患其多而莫之適用故其使莫若分兵使

其十一而行則一歲可以十出十二而行則一歲可以

五出十一而十出十二而五出則是一人而歲一出也

吾一歲而一出彼一歲而十被兵焉則衆寡之不侔勞

逸之不敵亦已明矣夫用兵必出於敵人之所不能我大而敵小是故我能分而彼不能此吴之所以肄楚而隋之所以狃陳歟夫御戎之術不可以逆知其詳而其大略臣未見有過此者也

策斷二十五

其次請論北狄之勢古者匈奴之衆不過漢一大縣然所以能敵之者其國無君臣上下朝覲會同之節其民無穀米絲麻耕作織紝之勞其法令以言語爲約故無文書符傳之繁其居處以逐水草爲常故無城郭邑居聚落守望之勤其旃裘肉酪足以爲養生送死之具

故戰則人人自鬬敗則驅牛羊遠徙不可得而破蓋
非獨古聖人法度之所不加亦其天性之所安者猶
狙猿之不可使冠帶虎豹之不可被以羈紲也故中
行說教單于無愛漢物所得繒絮皆以馳草棘中使
衣袴弊裂以示不如旃裘之堅善也得漢食物皆去
之以示不如湩酪之便美也由此觀之中國以法勝
而匈奴以無法勝聖人知其然是故精脩其法而謹
守之築爲城郭塹爲溝池大倉廩實府庫明烽燧遠
斥候使民知金鼓進退坐作之節勝不相先敗不相
後此其所以謹守其法而不敢失也一失其法則不

如無法之爲便也故夫各輔其性而安其生則中國與
胡本不能相犯惟其不然是故皆有以相制胡人之不
可從中國之法猶中國之不可從胡人之無法也今夫
佩玉服韍冕而垂旒者此宗廟之服所以登降揖讓
折旋俯仰爲容者也而不可以騎射今夫蠻夷而用
中國之法豈能盡如中國哉苟不能盡如中國而雜
用其法則是佩玉服韍冕垂旒而欲以騎射也昔吴
之先斷髮文身與魚鱉龍蛇居者數十世而諸侯不敢
窺也其後楚申公巫臣始教以乘車射御使出兵侵
楚而闔廬夫差又逞其無厭之求闕溝通水與齊晋

爭強黃池之會強自冠帶吳人不勝其弊卒入於越夫
吳之所以強者乃其所以亡也何者以蠻夷之資而貪
中國之美宜其可得而圖之哉西晉之亡也匈奴鮮
卑氐羌之類紛紜於中國而其豪傑間起為之君長
如劉元海符堅石勒慕容雋之儔皆以絕異之姿驅
駕一時之賢俊其強者至有天下太半然終於覆亡
相繼遠者不過一傳再傳而滅何也其心固安於無法
也而束縛於中國之法中國之人固安於法也而苦其
無法君臣相戾上下相厭是以雖建都邑立宗廟而
其心岌岌然常若寄居於其間而安能久乎且人而弃

其所得於天之分未有不亡者也契丹自五代南侵乘石晉之亂奄至京邑覩中原之富麗廟社宮闕之壯而悅之知不可以留也故歸而竊習焉山前諸郡既為所并則中國士大夫有立其朝者矣故其 朝廷之儀百官之號文武選舉之法都邑郡縣之制以至於衣服飲食皆雜取中國之象然其父子聚居貴壯而賤老貪得而忘失勝不相讓敗不相救者猶在也其中未能革其犬羊豺狼之性而外牽於華人之法此其所以自投於陷穽網羅之中而中國之人猶曰今之匈奴非古也其措置規畫皆不復蠻夷之心以為不可得而圖之亦過計

矣且夫天下固有沈謀陰計之士也昔先王欲圖大事立奇功則非斯人莫之與共秦之尉繚漢之陳平皆以樽俎之間而制敵國之命此亦王者之心期以紓天下之禍而已彼契丹者有可乘之勢三而中國未之思焉則亦足惜矣臣觀其　朝廷百官之衆而中國士大夫交錯於其間固亦有賢俊慷慨不屈之士而詬辱及於公卿鞭扑行於殿陛貴爲將相而不免囚徒之耻宜其有惋憤鬱結而思變者特未有路耳凡此皆可以致其心雖不爲吾用亦以間疎其君臣此由余之所以入秦也幽燕之地自古號多雄傑名於圖史者往

往而是自　宋之興所在賢俊雲合響應無有遠邇皆欲洗濯磨淬以觀上國之光而此一方獨陷於非類昔太宗皇帝親征幽州未克而班師聞之諜者曰幽州士民謀欲執其帥以城降者聞乘輿之還無不泣下且胡人以為諸郡之民非其族類故厚歛而虐使之則其思内附之心豈待深計哉此又足為之謀也使其上下相猜君民相疑然後可攻也語有之曰鼠不容穴啣窶數也彼僭立四都分置守宰倉廩府庫莫不備具有一旦之急適足以自累守之不能弃之不忍華夷雜居易以生變如此則中國之長足以有所

施矣然非特如此而已也中國不能謹守其法彼慕中國之法而不能純用是以勝負相持而未有決也夫蠻夷者以力攻以力守以力戰顧力不能則逃中國則不然其守以形其攻以勢其戰以氣故百戰而力有餘形者有所不守而敵人莫不忌也勢者有所不攻而敵人莫不備也氣者有所不戰而敵人莫不懾也苟去此三者而角之於力則中國固不敵矣尚何云乎惟 國家留意其大者而為之計其小者臣未敢言焉

東坡應詔集卷第五

東坡應詔集卷第六

中庸論上

甚矣道之難明也論其著者鄙滯而不通論其微者汗漫不可考其弊始於昔之儒者求為聖人之道而無所得於是務為不可知之文庶幾乎後世之以我為深知之也後之儒者見其難知而不知其空虛無有以為將有所深造乎道者而自耻其不能則從而和之曰然相欺以為高相習以為深而聖人之道日以遠矣自子思作中庸儒者皆祖之以為性命之說嗟夫子思者豈亦斯人之徒歟蓋甞試論之夫中庸者孔氏之遺

書而不完者也其要有三而已矣三者是周公孔子之所從以為聖人而其虛詞蔓延是儒者之所以為文也是故去其虛詞而取其三其始論誠明之所入其次論聖人之道所從始推而至於其所終極而其卒乃始内之於中庸蓋以為聖人之道略見於此矣記曰自誠明謂之性自明誠謂之教誠則明矣明則誠矣夫誠者何也樂之之謂也樂之則自信故曰誠夫明者何也知之之謂也知之則達故曰明夫惟聖人知之者未至而樂之者先入先入者為主而待其餘則是樂之者為主也若夫賢人樂之者未至而知之者

先入先入者為主而待其餘則是知之者為主也樂之者為主是故有所不知知之未嘗不行知之者為主是故雖無所不知而有所不能行子曰知之者不如好之者好之者不如樂之者知之者與樂之者是賢人聖人之辨也好之者是賢人之所由以求誠者也君子之為學慎乎其始何則其所先入者重也知之多而未能樂焉則是不如不知之愈也人之好惡莫如好色而惡臭是人之性也好善如好色惡惡如惡臭是聖人之誠也故曰自誠明謂之性孔子蓋長而好學適周觀禮問於老聃師襄之徒而後明於禮樂五十而後

讀易蓋亦有晚而後知者然其所先得於聖人者是樂之而已孔子厄於陳蔡之間問於子路子貢二子不悅而子夏又欲少貶焉是二子者非不知也其所以樂之者未至也且夫子路能死於衛而不能不慍於陳蔡是豈其知之罪耶故夫弟子之所為從孔子游者非專以求聞其所未聞蓋將以求樂其所有也明而不誠雖挾其所有倀倀乎不知所以安之苟不知所以安之則是可與居安而未可與居憂患也夫惟憂患之至而後誠明之辨乃可以見由此觀之君子安可以不誠哉

中庸論中

君子之欲誠也莫若以明夫聖人之道自本而觀之則皆出於人情不循其本而逆觀之於其末則以爲聖人有所勉強力行而非人情之所樂者夫如是則雖欲誠之其道無由故曰莫若以明使吾心曉然知其當然而求其樂今夫五常之教惟禮爲若強人者何則人情莫不好逸豫而惡勞苦今吾必也使之不敢箕踞而磬折百拜以爲禮人情莫不樂富貴而羞貧賤今吾必也使之不敢自尊而卑讓退抑以爲禮用器之爲便而祭器之爲貴褻衣之爲便而衮冕之爲貴

哀欲其速已而伸之三年樂欲其不已而不得終日此禮之所以爲強人而觀之於其末者之過也蓋亦反其本而思之今吾以爲磬折不如立之安也而將惟安之求則立不如坐坐不如箕踞箕踞不如偃仆偃仆而不已則將裸袒而不顧苟爲裸袒而不顧則吾無乃亦將病之夫豈獨吾病之天下之匹夫匹婦莫不病之也苟爲病之則是其勢將必至於磬折而百拜由此言之則是磬折而百拜者生於不欲裸袒之間而已也夫豈惟磬折百拜將天下之所謂強人者其皆必有所從生也辨其所從生而推之至於其所

終極是之謂明故記曰君子之道費而隱夫婦之愚可以與知焉及其至也雖聖人有所不知焉夫婦之不肖可以能行焉及其至也雖聖人有所不能焉君子之道推其所從生而言之則其言約約則明推其逆而觀之故其言費費則隱君子欲其不隱是故起於夫婦之有餘而推之至於聖人之所不及舉天下之至易而通之於至難使天下之安其至難者與其至易無以異也孟子曰簞食豆羹得之則生不得則死呼爾而與之行道之人弗受蹴爾而與之乞人不屑也萬鍾則不辨禮義而受萬鍾於我何加焉向為身死而

不受今為朋友妻妾之奉而為之此之謂失其本心且
萬鍾之不受是王公大人之所難而以行道乞人之所
不屑而較其輕重是何以異於匹夫匹婦之所能行通
而至於聖人之所不及故凡為此說者皆以求安其至
難而務欲誠之者也天下之人莫不欲誠而不得其說
故凡此者誠之說也

中庸論下

夫君子雖能樂之而不知中庸則其道必窮記曰
君子遵道而行半途而廢吾弗能已矣君子非其信
道之不篤也非其力行之不至也得其偏而忘其中

不得終日安行乎通塗夫雖欲不廢其可得耶記曰
道之不行也我知之矣賢者過之不肖者不及也以為
過者之難歟復之中者之難歟宜若過者之難也然
天下有能過而未有能中則是復之中者之難也記
曰天下國家可均也爵禄可辭也白刃可蹈也中庸
不可能也既不可過又不可不及如斯而已乎曰未也
孟子曰執中為近執中無權猶執一也書曰不協于極
不罹于咎皇則受之又曰會其有極歸其有極而記
曰君子之中庸也君子而時中皇極者有所不極而
會于極時中者有所不中而歸于中吾見中庸之至

於此而尤難也是有小人之中庸焉有所不中而歸於中是道也君子之所以為時中而小人之所以為無忌憚記曰小人之中庸也小人而無忌憚也嗟夫道之難言也有小人焉因其近似而竊其名聖人憂思恐懼是故反覆而言之不厭何則是道也固小人之所竊以自便者也君子見危則能死勉而不死以求合於中庸見利則能辭勉而不辭以求合於中庸小人貪利而苟免而亦欲以中庸之名私自便也此孔子孟子之所為惡鄉原也一鄉皆稱原人焉無所往而不為原人同乎流俗合乎汙世曰古之人何為踽踽涼涼生斯

世也善斯可矣以古之人為迂而以今世之所善為是以已矣則是不亦近似於中庸邪故曰惡紫恐其亂朱也惡莠恐其亂苗也何則惡其似也信矣中庸之難言也君子之欲從事乎此無循其迹而求其味則幾矣記曰人莫不飲食也鮮能知味也

大臣論上

以義正君而無害於國可謂大臣矣天下不幸而無明君使小人執其權當此之時天下之忠臣義士莫不欲奮臂而擊之夫小人者必先得於其君而自固於天下是故法不可擊擊之而不勝身死其禍止於一

身擊之而勝君臣不相安天下必亡是以春秋之法不待君命而誅其側之惡人謂之叛晉趙鞅入于晉陽以叛是也世之君子將有志於天下欲扶其衰而救其危者必先計其後而為可居之功其濟不濟則命也是故功成而天下安之今夫小人君不誅而吾誅之則是侵君之權而不可居之功也夫既以侵君之權而能北面就人臣之位使君不吾疑者天下未嘗有也國之有小人猶人之有瘿人之瘿必生於頸而附於咽是以不可去有賤丈夫者不勝其忿而決去之夫是以去疾而得死漢之亡唐之滅由此之故也自桓靈

之後至於獻帝天下之權歸於内竪賢人君子進不容於朝退不容於野天下之怒可謂極矣當此之時議者以為天下之患獨在宦官宦官去則天下無事然竇武何進之徒擊之不勝止於身死袁紹擊之而勝漢遂以亡唐之衰也其迹亦大類此自輔國元振之後天下之廢立聽於宦官當此之時士大夫之論亦惟宦官之為去然而李訓鄭注元載之徒擊之不勝止於身死至於崔昌遐擊之而勝唐亦以亡方其未去也是纍然者癭而已矣及其既去則潰裂四出而繼之以死何者此侵君之權而不可居之功也且為人

臣而不顧其君捐其身於一決以快天下之望亦已危矣故其成則為袁為崔敗則為何竇為訓注然則忠臣義士亦奚取於此哉夫竇武何進之亡天下悲之以為不幸然亦幸而不成使其成也二子者將何以居之故曰以義正君而無害於國可謂大臣矣

大臣論下

天下之權在於小人君子之欲擊之也不亡其身則亡其君然則是小人者終不可去乎聞之曰迫人者其智淺迫於人者其智深非才有不同所居之勢然也古之為兵者圍師勿遏窮寇勿追誠恐其知死而

致力則雖有衆無所用之故曰同舟而遇風則胡越可使相救如左右手小人之心自知其負天下之怨而君子之莫吾赦也則將日夜為計以備一旦卒然不可測之患今君子又從而疾惡之是以其謀不得不深其交不得不合交合而謀深則其致毒也忿戾而不可解故凡天下之患起於小人而成於君子之速之也小人在內君子在外君子為客小人為主主未發而客先焉則小人之詞直而君子之勢近於不順直則可以欺衆而不順則難以令其下故昔之舉事者常以中道而衆散以至於敗則其理豈不甚明哉

若夫智者則不然內以自固其君子之交而厚集其勢外以陽浮而不逆於小人之意以待其間寬之使不吾疾狃之使不吾慮啖之以利以昏其智順適其意以殺其怒然後待其發而乘其隙推其墜而挽其絕故其用力也約而無後患莫不為之先故君子怒而勢不偏如此者功成而天下安之今夫小人急之則合寬之則散是從古以然也見利不能不爭見患不能不避無信不能不相詐無禮不能不相瀆是故其交易間其黨易破也而君子不務寬之以待其變而急之以合其交亦已過矣君子小人雜居而未

決爲君子之計者莫若深交而無爲苟不能深交而無爲則小人倒持其柄而乘吾隙昔漢高之亡以天下屬平勃及高后臨朝擅王諸呂廢黜劉氏平日縱酒無一言及用陸賈計以千金交歡絳侯卒以此誅諸呂定劉氏使此二人者而不相能則是將相相攻之不暇而何暇及於劉呂之存亡哉故其說曰將相和調則士豫附士豫附則天下雖有變而權不分嗚呼知此其足以爲大臣矣夫

東坡應詔集卷第六

東坡應詔集卷第七

秦始皇帝論

昔者生民之初不知所以養生之具擊搏挽裂與禽獸爭一旦之命惴惴焉朝不謀夕憂死之不給是故巧詐不生而民無知然聖人惡其無別而憂其無以生也是以作為器用耒耜弓矢舟車網罟之類莫不備至使民樂生便利役御萬物而適其情而民始有以極其口腹耳目之欲器利用便而巧詐生求得欲從而心志廣聖人又憂其桀猾變詐而難治也是故制禮以反其初禮者所以反本復始也聖人非不知箕踞而坐不揖而

食便於人情而適於四體之安也將必使之習為迂闊難行之節寬衣博帶佩玉履舄所以回翔容與而不可以馳驟上自朝廷而下至於民其所以視聽其耳目者莫不近於迂闊其衣以黼黻文章其食以籩豆簠簋其耕以井田其進取選舉以學校其治民以諸侯嫁娶死喪莫不有法嚴之以鬼神而重之以四時所以使民自尊而不輕為姦故曰禮之近於人情者非其至也周公孔子所以區區於升降揖讓之間丁寧反覆而不敢失墜者世俗之所謂迂闊而不知夫聖人之權固在於此也自五帝三代相承而不敢破至秦有

天下始皇帝以詐力而并諸侯自以為智術之有餘而禹湯文武之不知出此也於是廢諸侯破井田凡所以治天下者一切出於便利而不耻於無禮決壞聖人之藩墻而以利器因示天下故自秦以來天下惟知所以求生避死之具以禮者為無用贅疣之物何者其意以為生之無事乎禮也苟生之無事乎禮則凡可以得生者無所不為矣嗚呼化秦之禍所以至今而未息歟昔者始有書契以科斗為文而其後始有規矩摹畫之迹蓋今所謂大小篆者至秦而更以隸其後日以變革貴於速成而從其易又創為紙以易簡策

是以天下簿書符檄繁多委壓而吏不能究姦人有以措其手足如使今世而尚用古之篆書簡策則雖欲繁多其勢無由由此觀之則凡所以便利天下者是開詐僞之端也嗟夫秦既不可及矣苟後之君子欲治天下而惟便之求則是引民而日趨於詐也悲夫

漢高帝論

有進說於君者因其君之資而為之說則用力寡矣人唯好善而求名是故仁義可以誘而進不義可以刼而退若漢高帝起於草莽之中徒手奮呼而得天下彼知天下之利害與兵之勝負而已安知所謂仁義

者哉觀其天資固亦有合於仁義者而不善仁義之
說此如小人終日為不義而至以不義說之則亦怫
然而怒故當時之善說者未嘗敢言仁義與三代禮
樂之教亦惟曰如此而為利如此而為害如此而可
如此而不可然後高帝擇其利與可者而從之蓋亦
未嘗遲疑天下既平以愛故欲易太子大臣叔孫通
周昌之徒力争之不能得用留侯計僅得之蓋讀其
書至此未嘗不太息以為高帝最易曉者苟有以
當其心彼無所不從盍亦告之以吕后太子從帝起
於布衣以至於定天下天下望以為君雖不肖而大

臣心欲之如百歲後誰肯北面事戚姬子乎所謂愛之者祇以禍之嗟夫無有以奚齊卓子之所以死為高帝言者歟叔孫通之徒不足以知天下之大計獨有廢嫡立庶之說而欲持此以却之此固高帝之所輕為也人固有所不平使如意為天子惠帝為臣絳灌之徒圜視而起如意安得而有之孰與其全安而不失為王之利也如意之為王而不免於死則亦高帝之過矣不少抑遠之以泄吕后不平之氣而又厚封焉其為計不已踈乎或曰吕后強悍高帝恐其為變故欲立趙王此又不然自高帝之時而言之計

呂后之年當死於惠帝之手呂后雖悍亦不忍奪之其子以與姪惠帝既死而呂后始有邪謀此出於無聊耳而高帝安得逆知之且夫事君者不能使其心知其所以然以樂從吾説而欲以勢奪之亦已危矣如留侯之計高帝顧戚姬悲歌而不忍特以其勢不得不從是以猶欲區區為趙王計使周昌相之此其心猶未悟以為一強項之周昌足以抗呂氏而捍趙王不知周昌激其怒而速之死耳古之善原人情而深識天下之勢者無如高帝然至此而惑亦無有以告之者悲夫

魏武帝論

世之所謂知者知天下之利害而審乎計之得失如斯而已矣此其爲知猶有所窮唯見天下之利而爲之唯其害而不爲則是有時而窮焉亦不能盡天下之利古之所謂大智者知天下利害得失之計而權之以人是故有所犯天下之至危而卒以成大功者此以其人權之輕敵者敗重敵者無成功何者天下未嘗有百全之利也舉事而待其百全則必有所格是故知吾之所以勝人而人不知其所以勝我者天下莫能敵之昔者晉荀息知虢公必不能用宫之奇齊鮑叔知魯

君必不能用施伯薛公知黥布必不出於上策此三者皆危道也而直犯之彼不知用其所長又不知出吾之所忌是故可以冒害而就利自三代之亡天下以詐力相并其道術政教無以相過而能者得之當漢氏之衰豪傑並起而圖天下二袁董呂爭為強暴而孫權劉備又已區區於一隅其用兵制勝固不足以敵曹氏然天下終於分裂訖魏之世而不能一蓋嘗試論之魏武長於料事而不長於料人是故有所重發而喪其功有所輕為而至於敗劉備有蓋世之才而無應卒之機方其新破劉璋蜀人未附一日而四五驚斬之

不能禁釋此時不取而其後遂至於不敢加兵者終其身孫權勇而有謀此不可以聲勢恐喝取也魏武不用中原之長而與之爭於舟楫之間一日一夜行三百里以爭利犯此二敗以攻孫權是以喪師於赤壁以成吳之強且夫劉備可以急取而不可以緩圖方其危疑之間卷甲而趨之雖兵法之所忌可以得志孫權者可以計取而不可以勢破也而欲以荆州新附之卒乘勝而取之彼非不知其難特欲僥倖於權之不敢抗也此用之於新造之蜀乃可以逞故夫魏武重發於劉備而喪其功輕爲於孫權而至於敗北不亦

長於料事而不長於料人之過歟嗟夫事之利害計之得失天下之能者舉知之而不能權之以人則亦紛紛焉或勝或負爭為雄強而未見其能一也

伊尹論

辨天下之大事者有天下之大節者也立天下之大節者狹天下者也夫以天下之大而不足以動其心則天下之大節有不足立而大事有不足辨者矣今夫匹夫匹婦皆知潔廉忠信之為美也使其果潔廉而忠信則其知慮未始不如王公大人之能也唯其所爭者止於簞食豆羹而簞食豆羹足以動其心則宜其智

慮之不出乎此也簞食豆羹非其道不取則一鄉之人莫敢以不正犯之矣一鄉之人莫敢以不正犯之而不能辦一鄉之事者未之有也推此而上其不取者愈大則其所辦者愈遠矣讓天下與讓簞食豆羹無以異也治天下與治一鄉亦無以異也然而不能者有所蔽也天下之富是簞食豆羹之積也天下之大是一鄉之推也非千金之子不能運千金之資販夫販婦得一金而不知其所措非智不若所居之卑也孟子曰伊尹耕於有莘之野非其道也非其義也雖祿之天下弗受也夫天下不能動其心是故其才全以其全才而制天下是故

臨大事而不亂古之君子必有高世之行非苟求為異
而已卿相之位千金之富有所不屑將以自廣其心
使窮達利害不能為之芥蔕以全其才而欲有所為
耳後之君子蓋亦嘗有其志矣得失亂其中而榮辱
奪其外是以役役至於老死而不暇亦足悲矣孔子敘
書至於舜禹臯陶相讓之際蓋未嘗不太息也夫以朝
廷之尊而行匹夫之讓孔子安取哉取其不汲汲於
富貴有以大服天下之心焉耳夫太甲之廢天下未嘗
有是而伊尹始行之天下不以為驚以臣放君天下不
以為僭既放而復立太甲不以為專何則其素所不屑

者足以取信於天下也彼其視天下眇然不足以動其心而豈忍以廢放其君求利也哉後之君子蹈常而習故惴惴焉懼不免於天下一為希闊之行則天下群起而誚之不知求其素而以為古今之變時有所不可者矣亦已過矣夫

周公論

論周公者多異說何也周公居禮之變而處聖人之不幸宜乎說者之異也凡周公之所為亦不得已而已矣若得已而不已則周公安得而為之成王幼不能為政周公執其權以王命賞罰天下是周公不得已者如此

而已今儒者曰周公踐天子之位稱王而朝諸侯則是
豈不可以已耶書曰周公位冢宰正百工群叔流言又
曰召公為保周公為師相成王為左右召公不悅又曰
周公曰王若曰則是周公未嘗踐天子之位而稱王也
周公稱王則成王宜何稱將亦稱王耶將不稱耶不稱
則是廢也稱王則是二王也而周公何以安之孔子曰
必也正名乎儒者之患患在於名實之不正故亦有以
文王為稱王者是以聖人為後世之僭君急於為王者
耶天下雖亂有王者在而已自王雖聖人不能以服天
下昔高帝擊滅項籍統一四海諸侯大臣相率而帝

之然且辭以不德惟陳勝吳廣乃嚚嚚乎急於自王而謂文王亦為之耶武王伐商師渡孟津會於牧野其所以稱先君之命命於諸侯者蓋猶曰文考而已至于武成既以柴望告天百工奔走受命于周而後其稱曰我文考文王克成厥勳由此觀之則是武王不敢一日妄尊其先君而況於文王之自王乎詩曰虞芮質厥成文王蹶厥生是亦追稱而已矣史記曰嫗乎采芑歸乎田成子夫田常之時安知其為成子而稱之故凡以文王周公為稱王者皆過也是資後世之篡君而為之籍也陳賈問於孟子曰周公使管叔監商管蔡以商叛

知而使之是不仁不知是不知孟子曰周公弟也管叔兄也周公之過不亦宜乎從孟子之說則是周公未免於有過也夫管蔡之叛非逆也是其智不足以深知周公而已矣周公之誅非疾之也其勢不得不誅也故管蔡非所謂大惡也兄弟之親而非有大惡則其道不得不封管蔡之封在武王之世也武王之世未知有周公成王之事苟無周公成王之事則管蔡何從而叛周公何從而誅之故曰周公居禮之變而處聖人之不幸也

東坡應詔集卷第七

東坡應詔集卷第八

管仲論

嘗讀周官司馬法得軍旅什伍之數其後讀管夷吾書又得管子所以變周之制蓋王者之兵出於不得已而非以求勝敵也故其為法要以不可敗而已矣於桓文非決勝無以定覇故其法在必勝繁而曲者所以為不可敗也簡而直者所以為必勝也周之制萬二千五百人而為軍萬之有二千二千之有五百其數奇而不齊唯其奇而不齊是以知其所以為繁且曲也今夫天度三百六十均之十二辰辰得三十者此其正也五日四分

之一者此其奇也使天度而無奇則千載之日雖婦人孺子皆可以坐而計唯其奇而不齊是故巧曆有所不能盡也聖人知其然故為之章會統元以盡其數以極其變司馬法曰五人為伍五伍為隊萬二千五百人而為隊二百五十十取三焉而為奇其餘七以為正四奇四正而八陣生焉夫以萬二千五百人而均之八陣之中宜其有奇而不齊者是以多為之曲折以盡其數以極其變鉤聯蟠踞各有條理故三代之興治其兵農軍賦皆數十百年而後得志於天下自周之亡秦漢陣法不復三代其後諸葛孔明獨識其遺制以為可用以

取天下然相持數歲魏人不敢決戰而孔明亦卒無尺寸之功豈八陣者先王所以為不可敗而非以逐利爭勝者邪若夫管仲之制其兵可謂截然而易曉矣三分其國以為三軍五人為軌軌有長十軌為里里有司四里為連連有長十連為鄉鄉有鄉長人五鄉一師萬人而為一軍公將其一高子國子將其二三軍三萬人如貫繩如畫碁局疏暢洞達雖有智者無所施其巧故其法令簡一而民有餘力以致其死昔者嘗讀左氏春秋以為丘明最好兵法蓋三代之制至於列國猶有存者以區區之鄭而魚麗鵝鸛之陣見於其書及至管仲相

桓公南伐楚北伐孤竹九合諸侯威震天下而其軍壘陣法不少槩見者何哉蓋管仲欲以歲月服天下故變古司馬法而為是簡略速勝之兵是以莫得而見其法也其後吳晉爭長於黄池王孫雒教夫差以三萬人壓晉壘而陣百人為行百行為陣陣皆徹行無有隱蔽援桴而鼓之勇怯盡應三軍皆譁晉師大駭卒以得志由此觀之不簡而直不可以決勝深惟後世不達繁簡之宜以取北而三代什五之數與管子所以治齊之兵者雖不可盡用而其近於繁而曲者以其固守近於簡而直者以之決戰則庶乎其不可敗而有所必勝矣

孫武論上

古之言兵者無出於孫子矣利害之相權奇正之相生戰守攻圍之法蓋以百數雖欲加之而不知所以加之矣然其所短者智有餘而未知其所以用智此豈非其所大關歟夫兵無常形而逆爲之形勝無常處而多爲之地是以其說屢變而不同縱横委曲期於避害而求利雜然舉之而聽用者之自擇也是故不難於用而難於擇擇之爲難者何也鋭於西而忘於東見其利而不見其所窮得其一說而不知其又有一說也此豈非用智之難歟夫智本非所以教人以智而教人者是君子之急

於有功變詐滑其外而無守於其中則是五尺童子皆欲爲之使人勇而不自知貪而不顧以陷於難則有之矣深山大澤有天地之寶無意於寶者得之操舟於河舟之逆順水之曲折忘於水者見之是故惟天下之至廉爲能貪惟天下之至靜爲能勇惟天下之至信爲能詐何者不役於利也夫不役於利則其見之也明見之也明則其發之也果古之善用兵者見其害而後見其利見其敗而後見其成其心閑而無事是以若此明也不然兵未交而先志於得則將臨事而惑雖有大利尚徒得而見之若夫聖人則不然居天下於貪而自居於廉故天下之貪者皆

可得而用居天下於勇而自居於靜故天下之勇者皆可得而役居天下於詐而自居於信故天下之詐者皆可得而使天下之人欲有功於此而即以此自居則功不可得而成是故君子居晦以御明則明者畢見居陰以御陽則陽者畢赴夫然後孫子之智可得而用也易曰介於石不終日貞吉君子方其未發也介然如石之堅若將終身焉者及其發也不終日而作故曰不役於利則其見之也明見之也明則其發之也果今夫世俗之論則不然曰兵者詭道也非貪無以取非勇無以得非詐無以成廉靜而信者無用於兵者也嗟夫世俗之說行

則天下紛紛乎如鳥獸相搏嬰兒之相擊強者傷弱者廢而天下之亂何從而已乎

孫武論下

夫武戰國之將也知為吳慮而已矣是故以將用之則可以君用之則不可今其書十二篇小至部曲營壘芻糧器械之間而大不過於攻城拔國用間之際蓋有盡於此矣天子之兵天下之勢武未及也其書曰將能而君不御者勝為君而言者有此而已竊以為天子之兵莫大於御將天下之勢莫大於使天下樂戰而不好戰夫天下之患不在於寇讐亦不在於敵國患在於將帥之

不力而以寇讐敵國之勢内邀其君是故將帥多而敵國愈強兵加而寇賊愈堅則將帥之權愈重將帥之權愈重則爵賞不得不加夫如此則是盜賊為君之患而將帥利之敵國為君之讐而將帥幸之舉百倍之勢而立毫芒之功以藉其口而邀利於其上如此而天下之不亡者特有所待耳昔唐之亂始於明皇自肅宗復兩京而不能乘勝并力盡取河北之盜德宗收洛博幾定魏地而不能斬田悅於孤窮之中至於憲宗天下略平矣而其餘孽之存者終不能盡去夫唐之所以屢興而終莫之振者何也將帥之臣養寇以自封也故曰天子之兵莫

大於御將御將之術開之以其所利而授之以其所忌如良醫之用藥烏喙蝮蝎皆得自效於前而不敢肆毒何也授之其所畏也憲宗將討劉闢以為非高崇文則莫可用而劉澭者崇文之所忌也故告之曰闢之不克將澭實汝代是以崇文決戰不旋踵擒劉闢此天子御將之法也夫使天下樂戰而不好戰者何也天下不樂戰則不可與從事於危好戰則不可從事於安昔秦人之法使吏士自為戰戰勝而利歸於民所得於敵者即以有之使民之所以養生送死者非殺敵無由取也故其民以好戰并天下而亦以亡夫始皇雖已墮名城殺豪傑

銷鋒鏑而民之好戰之心囂然其未已也是故不可與休息而至於亡若夫王者之兵要在於使之知愛其上而讐其敵使之知其上之所以驅之於戰者凡皆以爲我也是以樂其戰而甘其死至於其戰也務勝敵而不務得則其賞也發公室而行之於廟朝使其利不在於殺人是故其民不至於好戰夫然後可以作之於安居之中而休之於爭奪之際可與安可與危而不可與亂此天下之勢也

子思論

昔者夫子之文章非有意於爲文是以未嘗立論也

所可得而言者惟其歸於至當斯以為聖人而已矣夫夫
子之道可由而不可知可言而不可議此其不爭為區區
之論以開是非之端是以獨得不廢以與天下後世為仁
義禮樂之主夫子既沒諸子之欲為書以傳於後世者其
意皆存乎為文汲汲乎惟恐其汩沒而莫吾知也是故皆
喜立論論立而爭起自孟子之後至於荀卿揚雄皆務
為相攻之說其餘不足數者紛紜於天下嗟夫夫子之道
不幸而有老聃莊周楊朱墨翟田駢慎到申不害韓非
之徒各持其私說以攻乎其外天下方將惑之而未知
其所適從奈何其弟子門人又內自相攻而不決千載

之後學者愈衆而夫子之道益晦而不明者由此之故歟昔三子之爭起於孟子孟子曰人之性善是以荀子曰人之性惡而楊子又曰人之性善惡混孟子既以據其善是故荀子不得不出於惡人之性有善惡而已二子既已據之是以楊子亦不得不出於善惡混也為論不求其精而務以為異於人則紛紛之說未可以知其所止且夫夫子未嘗言性也蓋亦未嘗言之矣而未有必然之論也孟子之所謂性善者皆出於其師子思之書子思之書皆聖人之微言篤論孟子得之而不善用之能言其道而不知其

所以為言之名舉天下之大而必之以性善之論昭昭
乎自以為的於天下使天下之過者莫不欲援弓而
射之故夫二子之為異論者皆孟子之過也若夫子
思之論則不然曰夫婦之愚可以與知焉及其至也
雖聖人亦有所不知焉夫婦之不肖可以能行焉及
其至也雖聖人亦有所不能焉聖人之道造端乎夫
婦之所能行是以天下無不可學而極乎聖人之所
不能知是以學者不知其所窮夫如是則惻隱足以
為仁而仁不止於惻隱羞惡足以為義而義不止於
羞惡此不亦孟子之所以為性善之論歟子思論聖人

之道出於天下之所能行而孟子論天下之人皆可以行聖人之道此無以異者而子思取必於聖人之道孟子取必於天下之人故夫後世之異議皆出於孟子而子思之論天下同是而莫或非焉然後知子思之善為論也

孟軻論

昔者仲尼自衛反魯網羅三代之舊聞蓋經禮三百曲禮三千終年不能究其說夫子謂子貢曰賜爾以吾為多學而識之者歟非也予一以貫之天下苦其難而莫之能用也不知夫子之有以貫之也是故堯舜禹湯文

武周公之法度禮樂刑政與當世之賢人君子百氏之書百工之技藝九州之内四海之外九夷八蠻之事荒忽誕謾而不可考者雜然皆列乎胸中而有卓然不可亂者此固有以一之也是以博學而不亂深思而不惑非天下之至精其孰能與于此蓋嘗求之於六經至於詩與春秋之際而後知聖人之道始終本末各有條理夫王化之本始於天下之易行天下固知有父子也父子不相賊而足以為孝矣天下固知有兄弟也兄弟不相奪而足以為悌矣孝悌足而王道備此固非有深遠而難見勤苦而難行者也故詩之為教也使人歌舞佚樂

無所不至要在於不失正焉而已矣雖然聖人固有所甚畏也一失容者禮之所由廢也一失言者義之所由亡也君臣之相攘上下之相殘天下大亂未嘗不始於此道是故春秋力爭於毫氂之間而深明乎疑似之際截然其有所必不可為也不觀於詩無以見王道之易不觀於春秋無以知王政之難自孔子沒諸子各以所聞著書而皆不得其源流故其言無有統要若孟子可謂深於詩而長於春秋者矣其道始於至粗而極於至精充乎天地放乎四海而毫氂有所必計至寬而不可犯至密而可樂者此其中必有所守而後世或未之見也

且孟子嘗有言矣人能充其無欲害人之心而仁不可勝用也人能充其無欲為穿窬之心而義不可勝用也士未可以言而言是以言餂之也可以言而不言是以不言餂之也是皆穿窬之類也唯其不為穿窬也而義至於不可勝用唯其未可以言而言可以言而不言也而其罪遂至於穿窬故曰其道始於至粗而極於至精充乎天地放乎四海而毫氂有所必計嗚呼此其所以為孟子歟後之觀孟子者無觀之他亦觀諸此而已矣

東坡應詔集卷第八

東坡應詔卷第九

樂毅論

自知其可以王而王者三王也自知其不可以王而霸者五霸也或者之論曰圖王不成其弊猶可以霸嗚呼使齊桓晉文而行湯武之事將求亡之不暇雖欲霸可得乎夫王道者不可以小用也大用則王小用則亡昔者徐偃王宋襄公嘗行仁義矣然終以亡其身喪其國者何哉其所施者未足以充其所求也故夫有可以得天下之道而無取天下之心乃可與言王矣范蠡留侯雖非湯武之佐然亦可謂剛毅果敢卓然不惑而能有

所必爲者也觀吴王困於姑蘇之上而求哀請命於勾踐勾踐欲赦之彼范蠡者獨以爲不可援桴進兵卒刎其頸項籍之解而東高帝亦欲罷兵歸國留侯諫曰此天亡也急擊勿失此二人者以爲區區之仁義不足以易吾之大計也嗟夫樂毅戰國之雄未知大道而竊嘗聞之則足以亡其身而已矣論者以爲燕惠王不肖用反間以騎刼代將卒走樂生此其所以無成者出於不幸而非用兵之罪然當時使昭王尚在反間不得行樂毅終亦必敗何者燕之并齊非秦楚三晉之利今以百萬之師攻兩城之殘寇而數歲不決師老於外此必有

乘其虛者矣諸侯乘之於內齊擊之於外當此時雖太
公穰苴不能無敗然樂毅以百倍之衆數歲而不能下
兩城者非其智力不足蓋欲以仁義服齊之民故不忍
急攻而至於此也夫以齊人苦湣王之彊暴樂毅苟退
而休兵治其政令寬其賦役反其田里安其老幼使齊
人無復鬬志則田單者獨誰與戰哉柰何以百萬之師
相持而不決此固所以使齊人得徐而為之謀也當戰
國時兵彊相吞者豈獨在我以燕齊之衆壓其城而急
攻之可滅此而後食其誰曰不可嗚呼欲王則王不王
則審所處無使兩失焉而為天下笑也

荀卿論

嘗讀孔子世家觀其言語文章循循莫不有規矩不敢放言高論言必稱先王然後知聖人憂天下之深也茫乎不知其畔岸而非遠也浩乎不知其津涯而非深也其所言者匹夫匹婦之所共知而所行者聖人有所不能盡也嗚呼是亦足矣使後世有能盡吾說者雖為聖人無難而不能者不失為寡過而已矣子路之勇子貢之辯冉有之智此三者皆天下之所謂難能而可貴者也然三子者每不為夫子之所悅顏淵默然不見其所能若無以異於衆人者而夫子亟稱之且夫學聖人

者豈必其言之云爾哉亦觀其意之所嚮而已夫子以為後世必有不足行其說者矣必有竊其說而為不義者矣是故其言平易正直而不敢為非常可喜之論要在於不可易也昔者常怪李斯事荀卿旣而焚滅其書大變古先聖王之法於其師之道不啻若寇讎及今觀荀卿之書然後知李斯之所以事秦者皆出於荀卿而不足怪也荀卿者喜為異說而不讓敢為高論而不顧者也其言愚人之所驚小人之所喜也子思孟軻世之所謂賢人君子也荀卿獨曰亂天下者子思孟軻也天下之人如此其衆也仁人義士如此其多也荀卿獨曰人

性惡桀紂性也堯舜僞也由是觀之意其爲人必也剛愎不遜而自許太過彼李斯者又特甚者耳今夫小人之爲不善猶必有所顧忌是以夏商之亡桀紂之殘暴而先王之法度禮樂刑政猶未至於絶滅而不可考者是桀紂猶有所存而不敢盡廢也彼李斯者獨能奮而不顧焚燒夫子之六經烹滅三代之諸侯破壞周公之井田此亦必有所恃者矣彼見其師歷詆天下之賢人自是其愚以爲古先聖王皆無足法者不知荀卿特以決一時之論而荀卿亦不知其禍之至於此也其父殺人報仇其子必且行刼荀卿明王道述禮樂而李斯

以其學亂天下其高談異論有以激之也孔孟之論未嘗異也而天下卒無有及者苟天下果無有及者則尚安以求異為哉

韓非論

聖人之所為惡夫異端盡力而排之者非異端之能亂天下而天下之亂所由出也昔周之衰有老聃莊周列禦寇之徒更為虛無澹泊之言而治其猖狂浮游之說紛紜顛倒而卒歸於無有由其道者蕩然莫得其當是以忘乎富貴之樂而齊乎死生之分此不得志於天下高世遠舉之人所以放心而無憂雖非聖人之道而其用

意固亦無惡於天下自老聃之死百餘年有商鞅韓非著書言治天下無若刑名之賢及秦用之終於勝廣之亂教化不足而法有餘秦以不祀而天下被其毒後世之學者知申韓之罪而不知老聃莊周之使然何者仁義之道起於夫婦父子兄弟相愛之間而禮法刑政之原出於君臣上下相忌之際相愛則有所不忍相忌則有所不敢不敢與不忍之心合而後聖人之道得存乎其中今老聃莊周論君臣父子之間汎汎乎若萍游於江湖而適相值也夫是以父不足愛而君不足忌不忌其君不愛其父則仁不足以懷義不足以勸禮樂不足

以化此四者皆不足用而欲置天下於無有豈誠足以
治天下哉商鞅韓非求為其說而不得得其所以輕天
下而齊萬物之術是以敢為殘忍而無疑今夫不忍殺
人而不足以為仁而仁亦不足以治民則是殺人不足以
為不仁而不仁亦不足以亂天下如此則舉天下唯吾之
所為刀鋸斧鉞何施而不可昔者夫子未嘗一日易其言
雖天下之小物亦莫不有所畏今其視天下眇然若不足為
者此其所以輕殺人歟太史遷曰申子卑卑施於名實韓
子引繩墨切事情明是非其極慘覈少恩皆原於道德
之意嘗讀而思之事固有不相謀而相感者莊老之後

其禍爲申韓由三代之衰至于今凡所以亂聖人之道者其獘固已多矣而未知其所終柰何其不爲之所也

留侯論

古之所謂豪傑之士者必有過人之節人情有所不能忍者匹夫見辱拔劍而起挺身而鬬此不足爲勇也天下有大勇者卒然臨之而不驚無故加之而不怒此其所挾持者甚大而其志甚遠也夫子房授書於圯上之老人也其事甚怪然亦安知其非秦之世有隱君子者出而試之觀其所以微見其意者皆聖賢相與警戒之義世人不察以爲鬼物亦已過矣且其意不在書當韓

之亡秦之方盛也以刀鋸鼎鑊待天下之士其平居無
罪夷滅者不可勝數雖有賁育無所復施夫持法太
急者其鋒不可犯而其勢未可乘子房不忍忿忿之心
以匹夫之力而逞於一擊之間當此之時子房之不死者
其間不能容髮蓋亦已危矣千金之子不死於盜賊何
者其身之可愛而盜賊之不足以死也子房以蓋世之
才不為伊尹太公之謀而特出於荆軻聶政之計以僥
倖於不死此圯上老人之所為深惜者也是故倨傲鮮
腆而深折之彼其能有所忍也然後可以就大事故曰
孺子可教也楚莊王伐鄭鄭伯肉袒牽羊以逆莊王曰

其君能下人必能信用其民矣遂捨之勾踐之困於會
稽而歸臣妾於吴者三年而不倦且夫有報人之志而
不能下人者是匹夫之剛也夫老人者以爲子房才有
餘而憂其度量之不足故深折其少年剛鋭之氣使之
忍小忿而就大謀何則非有生平之素卒然相遇於草
野之間而命以僕妾之役油然而不怪者此固秦皇之
所不能驚而項籍之所不能怒也觀夫高祖之所以勝
而項籍之所以敗者在能忍與不能忍之間而已矣項
籍惟不能忍是以百戰百勝而輕用其鋒高祖忍之養
其全鋒以待其斃此子房教之也當淮陰破齊而欲自

王高祖發怒見於詞色由此觀之猶有剛強不忍之氣非子房其誰全之太史公疑子房以為魁梧奇偉而其狀貌乃如婦人女子不稱其志氣嗚呼此其所以為子房歟

賈誼論

非才之難所以自用者實難惜乎賈生王者之佐而不能自用其才也夫君子之所取者遠則必有所待所就者大則必有所忍古之賢人皆有可致之才而卒不能行其萬一者未必皆其時君之罪或者其自取也愚觀賈生之論如其所言雖三代何以遠過得君如漢文猶

且以不用死然則是天下無堯舜終不可以有所為耶仲尼聖人歷試於天下苟非大無道之國皆欲勉強扶持庶幾一日得行其道將之荆先之以冉有申之以子貢君子之欲得其君如此其勤也孟子去齊三宿而後出晝猶曰王其庶幾召我君子之不忍弃其君如此其厚也公孫丑問曰夫子何為不豫孟子曰方今天下捨我其誰哉而吾何為不豫君子之愛其身如此其至也夫如此而不用然後知天下之果不足與有為而可以無憾矣若賈生者非漢文之不用生生之不能用漢文也夫絳侯親握天子璽而授之文帝灌嬰

連兵數十萬以決劉呂之雄雌又皆高帝之舊將此其君臣相得之分豈特父子骨肉手足哉賈生洛陽之少年欲使其一朝之間盡弃其舊而謀其新亦已難矣為賈生者上得其君下得其大臣如絳灌之屬優游浸漬而深交之使天子不疑大臣不忌然後舉天下而唯吾之所欲為不過十年可以得志安有立談之間而遽為人痛哭哉觀其過湘為賦以弔屈原紆鬱憤悶趯然有遠舉之志其後卒以自傷哭泣至於夭絕是亦不善處窮者也夫謀之一不見用安知終不復用也不知默默以待其變而自殘至此嗚呼賈生志大而量小才有

餘而識不足也古之人有高世之才必有遺俗之累是故非聰明睿哲不惑之主則不能全其用古今稱苻堅得王猛於草茅之中一朝盡斥去其舊臣而與之謀彼其匹夫略有天下之半以此哉愚深悲賈生之志故備論之亦使人君得如賈誼之臣則知其有狷介之操一不見用則憂傷病沮不能復振而為賈生者亦慎其所發哉

東坡應詔集卷第九

東坡應詔集卷第十

鼂錯論

天下之患最不可為者名為治平無事而其實有不測之憂坐觀其變而不為之所則恐至於不可救起而强為之則天下狃於治平之安而不吾信唯仁人君子豪傑之士為能出身為天下犯大難以求成大功此固非勉强朞月之間而茍以求名者之所能也天下治平無故而發大難之端吾發之吾能收之然後能免難於天下事至而循循焉欲去之使他人任其責則天下之禍必集於我昔者鼂錯盡忠為漢謀弱山東之諸

侯諸侯並起以誅錯爲名而天子不察以錯爲説天下悲錯之以忠而受禍而不知錯之有以取之也古之立大事者不唯有超世之才亦必有堅忍不拔之志昔禹之治水鑿龍門決大河而放之海方其功之未成也蓋亦有潰冒衝突可畏之患唯能前知其當然事至不懼而徐爲之所是以得至於成功夫以七國之彊而驟削之其爲變豈足怪哉錯不於此時捐其身爲天下當大難之衝而制吴楚之命乃爲自全之計欲使天子自將而己居守且夫發七國之難者誰乎己欲求其名安所逃其患以自將之至危與居守之至

安已為難首擇其安而遺天子以至危此忠臣義士所以憤惋而不平者也當此之時雖無袁盎錯亦未免於禍何者已欲居守而使人主自將以情而言天子固已難之矣而重違其議是以袁盎之說得行於其間使吴楚反錯以身任其危日夜淬厲東向而待之使不至於累其君則天子將恃之以為無恐雖有百袁盎可得而間哉嗟夫世之君子欲求非常之功則無務為自全之計使錯自將而擊吴楚未必無功唯其欲自固其身而天子不悦姦臣得以乘其隙錯之所以自全者乃其所以自禍歟

霍光論

古之人惟漢武帝號知人蓋其平生所用文武將帥郡國邊鄙之臣左右侍從陰陽律歷博學之士以至錢穀小吏治刑獄使絶域者莫不獲盡其才而各當其處然猶有所試其功効著見天下之所共知而信者至於霍光先無尺寸之功而才氣數術又非有以大過於群臣而武帝擢之於稠人之中付以天下後世之事而霍光又能忘身一心以輔幼主處於廢立之際其舉措甚閑而不亂此其故何也夫欲有所立於天下擊搏進取以求非常之功者則必有卓然可見

之才而後可以有望於其成至於捍社稷託幼子此其難者不在乎才而在乎節不在乎節而在乎氣天下固有能辦其事者矣然才高而位重則有僥倖之心以一時之功而易萬世之患故曰不在乎才而在乎節古之人有失之者司馬仲達是也天下亦有忠義之士可託以死生之間而不忍負者矣然掮介廉潔不為不義則輕死而無謀能殺其身而不能全其國故曰不在乎節而在乎氣古之人有失之者晉荀息是也夫霍光者才不足而氣節有餘此武帝之所為取也書曰如有一介臣斷斷倚無他技其心休休焉其如有容人之有技若

己有之人之彥聖其心好之不啻若自其口出是能容之以保我子孫黎民嗟夫此霍光之謂歟使霍光而有他技則其心安能休休焉容天下之才而樂天下之彥聖不忌不克若自己出哉才者爭之端也夫惟聖人在上驅天下之人各走其職而爭用其所長茍以人臣之勢而居於廊廟之上以捍衛幼沖之君而以其區區之才與天下爭能則姦臣小人有以乘其隙而奪其權矣霍光以匹夫之微而操殺生之柄威蓋人主而貴震於天下其所以歷事三主而終其身天下莫與爭者以其無他技而武帝亦以此取之歟

楊雄論

昔之為性論者多矣而不能定于一始孟子以為善而荀子以為惡楊子以為善惡混而韓愈者又取夫三子之說而折之以孔子之論離性以為三品曰中人可以上下而上智與下愚不移以為三子者皆出乎其中而遺其上下而天下之所是者於愈之說多焉嗟夫是未知乎所謂性者而以夫才者言之夫性與才相近而不同其別不啻若黑白之異也聖人之所與小人共之而皆不能逃焉是真所謂性也而其才固將有所不同今夫木得土而後生雨露風氣之所養暢然而遂茂者木之所

同也性也而至於堅者為轂柔者為輪大者為楹小者
為桷桷之不可以為楹輪之不可以為轂是豈其性之
罪耶天下之言性者皆雜乎才而言之是以紛紛而不
能一也孔子所謂中人可以上下而上智與下愚不移
者是論其才也而至於言性則未嘗斷其善惡曰性
相近也習相遠也而已韓愈之說則又有甚者離性
以為情而合才以為性是故其論終莫能通彼以為
性者果泊然而無為耶則不當復有善惡之説苟性
而有善惡也則夫所謂情者乃吾所謂性也人生而
莫不有飢寒之患牝牡之欲今告乎人曰飢而食渴

而飲男女之欲不出於人之性也可乎是天下知其不可也聖人無是無由以為聖而小人無是無由以為惡聖人以其喜怒哀懼愛惡欲七者御之而之乎善小人以是七者御之而之乎惡由此觀之則夫善惡者性之所能之而非性之所能有也且夫言性者安以其善惡為哉雖然揚雄之論則固已近之曰人之性善惡混脩其善則為善人脩其惡則為惡人此其所以為異者唯其不知性之不能以有夫善惡而以為善惡之皆出乎性也而已夫太古之初本非有善惡之論唯天下之所同安者聖人指以為善而一人之所獨樂者則名以為惡

天下之人固將即其所樂而行之孰知夫聖人唯其一人之獨樂不能勝天下之所同安是以有善惡之辨而諸子之意將以善惡為聖人之私說不已踈乎而韓愈又欲以書傳之所聞一人之事迹而折夫三子之論區區乎以后稷之岐嶷文王之不勤瞽鯀管蔡之迹而明之聖人之論性也將以盡萬物之理與衆人之所共知者以折天下之疑而韓愈欲以一人之才定天下之性且其言曰今之言性者皆雜乎佛老愈之說以為性之無與於情而喜怒哀樂皆非性者是愈流入於佛老而不自知也

諸葛亮論

取之以仁義守之以仁義者周也取之以詐力守之以詐力者秦也以秦之所以取取之以周之所以守守之者漢也仁義詐力雜用以取天下者此孔明之所以失也曹操因衰乘危得逞其姦孔明恥之欲信大義於天下當此時曹公威震四海東據許兖南收荆豫孔明之所恃以勝之者獨以其區區之忠信有以激天下之心耳夫天下廉隅節槩慷慨死義之士固非心服曹氏也特以威劫而彊臣之聞孔明之風宜其千里之外有響應者如此則雖無措足之地而天下固爲之用矣且夫殺

一不義而得天下有所不爲而後天下忠臣義士樂爲
之死劉表之喪先主在荆州孔明欲襲殺其孤先主不
忍也其後劉璋以好逆之至蜀不數月扼其吭拊其背
而奪之國此其與曹操異者幾希矣曹劉之不敵天
下之所知也言兵不若曹操之多言地不若曹操之廣
言戰不若曹操之能而有以一勝之者區區之忠信也
孔明遷劉璋既已失天下義士之望乃始治兵振旅爲
仁義之師東嚮長驅而欲天下嚮應蓋已難矣曹操
既死子丕代立當此之時可以計破也何者操之臨終
召丕而屬之植未嘗不以譚尚爲戒也而丕與植終於

相殘如此其父子兄弟且爲寇讎而況能以得天下
英雄之心哉此可間之勢不過數十萬金使其大臣
胥內自相殘然後舉兵而伐之此高祖所以滅項籍
也孔明既不能全其信義以服天下之心又不能奮其
智謀以絕曹氏之手足宜其屢戰而屢却哉故夫敵有
可間之勢而不間者湯武之行也爲大義非湯武而行之
爲失機此仁人君子之大患也呂溫以爲孔明承桓靈
之後不可彊民以恩漢欲其播告天下之民且曰曹氏
利汝吾事之害汝吾誅之不知蜀之與魏果有以大過
之乎苟無以大過之而又決不能事魏則天下安肯以空

言諫動哉嗚呼此書生之論可言而不可用也

韓愈論

聖人之道有趨其名而好之者有安其實而樂之者珠璣犀象天下莫不好奔走出力争鬬奪取其好之不可謂不至也然不知其所以好之之實至於粟米蔬肉桑麻布帛天下之人内之於口而知其所以為美被之於身而知其所以為安此非有所役乎其名也韓愈之於聖人之道蓋亦知好其名矣而未能樂其實何者其為論甚高其待孔子孟軻甚尊而拒楊墨佛老甚嚴此其用力亦不可謂不至矣然其論

至於理而不精支離蕩佚往往自叛其說而不知昔者宰我子貢有若更稱其師以為生民以来未有如夫子之盛雖堯舜之賢亦所不及其尊道好學亦已至矣然而君子不以為貴曰宰我子貢有若智足以知聖人之汙而已矣若夫顏淵豈亦云爾哉蓋亦曰夫子循循焉善誘人由此觀之聖人之道果不在於張而大之也韓愈者知好其名而未能樂其實者也愈之原人曰天者日月星辰之主也地者山川草木之主也人者夷狄禽獸之主也主而暴之不得其為主之道矣是故聖人一視而同仁篤近而舉遠夫聖

人之所為異乎墨者以其有別焉耳今愈之言曰一
視而同仁則是以待人之道待夷狄待夷狄之道待
禽獸也而可乎教之使有能化之使有知是待人之
仁也薄其禮而致其情不責其去而厚其來是待夷
狄之仁也殺之以時而用之有節是待禽獸之仁也
若之何其一之儒墨之相戾不啻若胡越而其疑似
之間相去不能以髮宜乎愈之以為一也孔子曰汎
愛衆而親仁仁者之為親則是孔子不兼愛也祭神
如神在神不可知而祭者之心以為如其存焉則是
孔子不明鬼也儒者之患患在於論性以為喜怒哀

樂皆出於情而非性之所有夫有喜有怒而後有仁義有哀有樂而後有禮樂以為仁義禮樂皆出於情而非性則是相率而叛聖人之教也老子曰能嬰兒乎喜怒哀樂苟不出乎性而出乎情則是相率而為老子之嬰兒也儒者或曰老易夫易豈老子之徒歟而儒者至有以老子說易則是離性以為情者其弊固至此也嗟夫君子之為學知其人之所長而不知其蔽豈可謂善學邪

東坡應詔集卷第十

東坡應詔集卷十